非理性繁荣与金融危机

The Subprime Solution

［美］罗伯特·席勒
（Robert J. Shiller） 著
何正云 束宇 译

图书在版编目（CIP）数据

非理性繁荣与金融危机 /（美）罗伯特·席勒著；何正云，束宇译 . -- 2 版 . -- 北京：中信出版社，2020.8（2022.11重印）

书名原文：The Subprime Solution
ISBN 978-7-5217-2010-5

Ⅰ.①非… Ⅱ.①罗… ②何… ③束… Ⅲ.①金融危机—研究—世界 Ⅳ.① F831.59

中国版本图书馆 CIP 数据核字（2020）第 114364 号

The Subprime Solution by Robert J. Shiller
Copyright © 2008 by Robert J. Shiller
Simplified Chinese translation copyright © 2020 by CITIC Press Corporation
No part of this book may be reproduced or transmitted in any form or by any means, electronic or mechanical, including photocopying, recording or by any information storage and retrieval system, without permission in writing from the Publisher.
ALL RIGHTS RESERVED
本书仅限中国大陆地区发行销售

非理性繁荣与金融危机

著　者：[美]罗伯特·席勒
译　者：何正云　束宇
出版发行：中信出版集团股份有限公司
　　　　　（北京市朝阳区惠新东街甲 4 号富盛大厦 2 座　邮编 100029）
承 印 者：北京盛通印刷股份有限公司

开　　本：787mm×1092mm　1/16　　印　张：11　　字　数：130 千字
版　　次：2020 年 8 月第 2 版　　　　印　次：2022 年 11 月第 6 次印刷
京权图字：01-2008-4393
书　　号：ISBN 978-7-5217-2010-5
定　　价：59.00 元

版权所有·侵权必究
如有印刷、装订问题，本公司负责调换。
服务热线：400-600-8099
投稿邮箱：author@citicpub.com

阅读这部激动人心的著作的过程，就像看一位医术高明的外科医生在工作。阅读席勒的著作是一桩快事。

——彼得·L.贝恩斯坦
著名金融作家和历史学家

在这部吸引人的著作里，罗伯特·席勒以一位金融市场领域非理性行为研究专家的身份，对次贷危机进行了鞭辟入里的分析。

——格里高利·克拉克
美国经济史学家，加利福尼亚大学戴维斯分校经济系主席

在这本书里，席勒将严格的经济分析和对人类心理的深刻洞察结合在一起，用以分析我们陷入的经济困局，这本书不仅分析了其发生的原因，同时也提出了可行的解决方法，为将来抑制泡沫危机提供帮助。比起具有针对性的建议而言，更重要的是他穿越现有经济格局中表面乐观的数据的锐气。

——彼得·奥萨格
美国国会预算局主管

《非理性繁荣与金融危机》是一本严密、富有创新性与可行性、精彩绝伦的书，将对广泛的读者群产生影响。罗伯特·席勒是分析目前这场空前的抵押贷款和住房市场，并进而延伸到更广泛的信贷市场困局的最合适的人选。他再一次证明了自己处理金融市场复杂理念的能力和实证精神。

——戴安娜·科伊拉

英国竞争委员会经济顾问

罗伯特·席勒是一个梦想家。

——纳西姆·尼古拉斯·塔勒布

《黑天鹅》作者

席勒在这本书中发出警告，认为 2008 年的信用危机正在成为一个可怕的冒险。席勒在这本书中为避免未来的危机提供了诸多让人印象深刻的建议。

——《商业周刊》

此书对 2007 年次贷危机进行了深入的分析,为政策制定者、华尔街和全球投资者提供了深入而细致的参考。

——《福布斯》

当罗伯特·席勒观察次贷危机时,他看到的远不仅是雷曼兄弟公司和美林公司崩塌的表面现象,他认为这次危机的影响可以和《凡尔赛和约》、大萧条以及马歇尔计划相提并论。

——《西雅图时报》

这本书特色鲜明。毫无疑问,它是深入了解危机的最佳捷径。

——《经济学人》

对于一堆不起眼的篝火，如果能控制好它，谁也不会受到任何伤害，然而一旦它突然烧成一片火海，就会表现出巨大的杀伤力。

——约翰·梅纳德·凯恩斯

目录

推荐序 朱宁 V
第 2 版序言 XI
导论 XXIII

第一章 历史上的房地产市场 001

就算房地产市场泡沫不能算是次贷危机和我们现在面临的在更大范围内出现的经济危机的根本原因,肯定也是一个主要原因。那种认为不动产价格只会永远上涨,而且是年复一年节节攀升的看法,制造了一种虚假繁荣的氛围,使放贷人和金融机构降低了贷款的准入门槛,弱化了针对可能出现的违约情况的风险管理。

以史为鉴 004
价格路径的多样性 007

第二章　泡沫的困扰与非理性繁荣 013

能解释本次或者其他任何一次引发投机性繁荣的最关键的因素，就是繁荣观念的社会传染，而繁荣观念通常都产生于对价格快速上涨的常规性观察之中。这种社会传染将不断提高的可信度注入故事——我称这些故事为"新纪元"故事。观念传染一贯是人类社会发展过程中的关键因素。

观念的传染 017
泡沫的其他成因 021
惊慌失措与流动性不足 026
思维方式的变化 027
泡沫期间的公众思想 032
住房价格的可预测性 034

第三章　房地产业的神话与现实 039

这种神话认为，由于人口的不断增长以及经济的持续发展，再加上可供利用的土地资源不断减少，地产价格的总体趋势必定会随着时间的推移而强劲上涨。这种信心的强度似乎与下面两种情况有关：一是认为持续成长中的世界经济正在快速变得更富有的看法，二是对简单的人口增长导致高价格这样一种现象的观察。

新住宅的建造 043
城市精神与乡土观念 044
建筑成本：神话与现实 046
大规模的城市规划 048
短期及长期的对策 052

第四章　金融危机下的救市行动 055

各式各样的救市措施在过去几个世纪一直是支撑各个经济体的稳定机制的组成部分，过去我们没有办法避免救市的情况，今天我们同样也没有办法做到不救市。当我们很自然地争辩救市行动对那些没有得到这些好处的人不公平时，事实上，对什么是公平、什么是不公平的界限划分也很难做到泾渭分明。

为什么救市行动是必需的 061
新的住房房主贷款公司 071
正确制定短期解决方案 073

第五章　金融民主的愿景 077

当市场开始滋生泡沫，而且泡沫已经开始破裂的时候，风险有可能将大多数人毁掉。这些问题被某些人看作金融系统的一种必然属性，而系统本身又被认为是一种不受任何改革影响的封闭体。而那些成功的体制改革成果有力地证明了这个被广泛认可的冠冕堂皇的说法根本就站不住脚。基础性的体制改革不仅是可能的，而且是必要的。

讲究技术 080
全新的信息基础设施 083
真正关注风险的新市场 103
新的零售型风险管理机构 108
风险管理与风险规避 115
长期解决方案的组合效果 116

结语 119
致谢 125

推荐序

朱宁　上海交通大学上海高级金融学院副院长

非常高兴有机会为罗伯特·席勒教授的《非理性繁荣与金融危机》一书作序。席勒教授是我在耶鲁大学求学时的导师，也是我长期的朋友和研究合作者。在此之前，席勒教授曾分别为我的著作《投资者的敌人》和《刚性泡沫》作序，终于有机会回报恩师，我感到非常欣慰。

在 2020 年冬季达沃斯的一场闭门会议上，我和罗伯特·席勒教授、肯尼斯·罗格夫教授（哈佛大学教授，《这一次不一样：八百年金融危机史》作者）同台为全球大宗商品公司的董事长、总经理分析全球经济。当时，论坛中刚刚出现关于新冠疫情的讨论。尽管疫情刚刚暴发，但我们三位演讲者都谈到，疫情的发展往往存在高度的不确定性，疫情有可能在今后一段时间对全球经济和金融体系产生巨大的冲击和深远的影响。

虽然这本书创作于十余年之前，对于疫情也没有太多讨论，但是关于如何思考这次疫情对全球经济带来的挑战和全球经济金融秩序的演变，它提供了一个非常重要的前瞻性建议。

在席勒教授的诸多著作中，《非理性繁荣与金融危机》可能并不是一本受到最多关注的著作。因为这本书针对的是次贷危机及其解决方法，有很强的时效性，所以很多人认为，这是一本针对次贷危机和2008年金融危机的应时之作。其实，今天重读这本书，就会发现它不仅讲述了应如何看待和化解金融危机，应如何看待资产泡沫和房地产泡沫，还讲述了在理解人性和人类决策行为的弱点与错误的基础上，应如何有效推动金融创新和金融监管，并重构全球金融体系。

如果把席勒教授的一系列著作放在一起看，我们就会发现，在《非理性繁荣》一书中，他指出股票市场存在严重的泡沫，《非理性繁荣与金融危机》则延展了《非理性繁荣》这本书中的想法，并把类似的想法应用到房地产领域。具体而言，《非理性繁荣与金融危机》讨论了房地产领域也存在严重的泡沫，而且房地产泡沫可能会对经济和整个社会产生更大的冲击。如果再结合他之后创作的《动物精神》和最近出版的新书《叙事经济学》，就会发现他希望透过现象追究本质，希望厘清泡沫为什么出现，而且特别容易在房地产领域出现。这一系列想法和笔者几年前的一篇题为《房地产为什么是泡沫之王》的文章想传递的信息不谋而合。

在这本书中，席勒教授指出："美国房价在1997—2006年看上去相当反常，就像是刚刚发射的火箭，美国总体的住房价格在1997—2006年的高峰期间上涨了85%，住房的价格显然不可能随表中其他变量的变化而调整，因此看起来就像是火箭要掉到地上。"

席勒教授特别强调，土地和房地产是两个不同的投资标的。虽然土地的稀缺性是房地产投机中很重要的一种"叙事",但是土地的稀缺性,其实是随着技术发展、经济中心迁移和社会演变而不断改变的。例如,在家办公的趋势很可能会从根本上改变区域和距离对于房地产价格的影响。房屋的建筑成本会随着技术的进步逐渐降低,因此,从基本面来讲,虽然大多数人都接受房地产一定能够保值增值这一说法,但它实在没有什么科学依据。

席勒教授和我做的一些研究表明,如果说房地产有投资价值,最重要的价值可能就是对抗通货膨胀,或者对通货膨胀进行套期保值。荷兰和美国过去两三百年的长期历史数据表明,房地产的长期表现恰恰和一个社会、一个经济体的通货膨胀水平大体相似,但是并没有所谓的超额收益。反之,在相似期间,股票作为一种大类资产,其投资回报明显高于通货膨胀,这会带来超额收益。因此,对一个注重长期收益的投资者来讲,股票很可能是一种更好的资产配置选择。

国内还有一个支持投资房地产的说法,即房地产领域是中国居民家庭可以进行加杠杆投资,以小博大的为数不多的投资领域。这个说法的确是实情,但是正如这本书指出的,加杠杆是一项高风险的投资。如果资产价格上升,投资者当然可以赚得盆满钵满。如果资产价格下跌,也很容易让投资者家破人亡。

席勒教授评价美国1997—2006年房价上涨的"反常"标准是过去100多年美国房价上涨的平均速度。如果借用类似的标准审视中国的房地产市场,过去一二十年的房价上涨幅度也非常迅猛。由此,这本书给我们提供了一个看待中国乃至全球房地产市场的国际化、历史化视角。

最近,国内有不少关于一线城市中心地区的核心资产定价的讨论。

虽然很多一线城市的房价相对于收入和租金已经非常高，正如股票市场的某些板块的股价相对于其盈利已经非常高，但是国内居民和投资者仍然普遍认为这些资产的价格会持续上涨。这种判断并不是基于财务分析或者经济上的可行性，而且基于这些核心资产所谓的稀缺性，因为人们普遍认为稀缺资产的价格一定不会下跌。

席勒教授在这本书中指出，"尽管 2006 年见顶前不同城市间存在差异，但所有这些价格现在无一例外地正在下跌，下跌的速度大致与上涨的速度成反向等比。数据显示，与相对价格比较稳定的芝加哥和纽约等城市比较起来，拉斯韦加斯、迈阿密和旧金山等城市的房价都具有在 2006 年以前涨速较快，同时后期的跌速也较快的特点"。也就是说，在价格上涨幅度比较大的地区，当市场出现调整时，其调整的幅度和空间也是很大的，所以并不存在所谓的只涨不跌的资产，或者完全安全的核心资产。

这种不基于资产基本面价值的相对估值思路、这种击鼓传花的投资理念，以及这种"这次不一样"的社会心理恰恰是引发资产泡沫和金融危机最重要的原因。因此，席勒教授指出，人类经济之所以会形成泡沫，很大程度上与人类的本性和心理有很重要的关系。他在这本书中特别强调，"在 2004 年和 2006 年……美国的领导者们对此都视而不见，尤其是对美国存在的问题视而不见。产生这种情况的主要原因是我们对资本主义体制的优越性过于自信，这种自信有时候几乎接近宗教狂热的程度。在这次住房市场繁荣期间，我们的大多数机构总是很轻率地否认那些有可能存在的问题"。

"如果说房地产繁荣是一件如此美妙的经济盛事。你能否想象，居然没有任何人关心类似的事情以前是否发生过,产生过什么样的后果。非常让人疑惑不解的一个事实是,似乎根本没有谁对30年来或之前发生过什么有一丁点儿的兴趣。这是人类行为方面的一个活生生的教训,也是人类本性反复无常的有力注解。很明显,没有人认真评估过房地产市场的真实价值,以及房地产市场过度投机可能产生的潜在杀伤力"。

可以看到,早在席勒教授撰写《非理性繁荣与金融危机》一书的时候,他已经开始强调他在新书《叙事经济学》里讨论的传染、叙事、社会心理的重要性。他指出,之所以会形成泡沫,很大程度上是因为一个社会在一个特定时代会形成一种广泛为大家所接受的观念和想法,虽然这种观念和想法并不正确,但却会不知不觉地改变投资者的风险偏好和投资决策,也直接推动资产价格快速上涨。因此,叙事和思维方式的变化也是投机行为和泡沫的成因。

虽然席勒教授在其著作《新金融秩序》与《金融与好的社会》中都强调了金融创新的重要性,但他在这本书中也警告,正因为金融创新,很多本来明显的风险被分散和转移,被推迟到今后,或者被隐藏在一些金融创新的产品里,一些金融创新虽然本身是非常好的,但是由于监管的缺失和投资者缺乏理性和投资素养,反而加剧了金融风险,甚至引发金融危机。

席勒教授在这本书中也特别提及市场和政府之间的关系对泡沫和危机的影响。他提到,房地产泡沫产生的另一个重要原因是监管机构的缺位和纵容。他在谈到政府政策和监管的责任时,特别强调了事先和事后、目的和结果之间的区别。他认为,很多时候,政府的政策的初心是非常好的,但是在执行过程中,或者由于执行过程中存在一些困难,或者由于整个市场对于政策做出的一些策略性反应，导致好心办坏事，带来不好的结果。席勒特别强调了平衡事先与事后，通篇考虑目的与结果，在改革全球金融体系过程中的重要地位。

这一思路和笔者在《刚性泡沫》中提出的在中国的金融市场中逐渐退出刚性，逐渐打破刚性兑付，逐渐化解和防范刚性泡沫其实是一脉相承的。正如笔者在《刚性泡沫》一书中指出的，政府在很多时候的用心是非常好的，而且希望能够保证市场平稳健康发展，但是这种用心可能会支持和纵容过度投机行为，最终造成非常严重的后果，甚至可能成为引发或者加剧危机的直接原因。

席勒教授在耶鲁大学授课的过程中，曾多次借鉴《刚性泡沫》的内容，与耶鲁学子分享。他指出，要想化解"非理性繁荣与金融危机"，"决策者需要具有非凡的勇气。事实上，难啃的骨头往往会被很随意地放到一边，因为人们总是对比较容易的事情先做出安排，只有等到迫在眉睫的时候，才发现最好的时机都已丧失"。

是为序。

2020年6月于北京

第 2 版序言

本书第 1 版问世于 2008 年 8 月,恰好遇上了房价波动引发的金融危机。随后一个月左右的时间里,雷曼兄弟公司、美林公司和美国国际集团相继衰败,可以说这个时点标志着一次恶性危机的全面发端。我曾在第 1 版中说过,这本书的写作初衷就是在人们都还没有看到危机最恶劣的影响之前,充分揭示真正值得大家担忧的问题:我们需要担忧的是恶劣的经济状况可能持续许多年,或许会经历一个"失去的 10 年"。如果用最悲观的心态预测,未来几十年,这种危机还会不断重演。因此,写作本书的短期目的是应对已经发生的危机,长期目的则是预防 21 世纪未来几十年危机的重现。

确实,我们现在已经明白,担忧未来的经济状况是合情合理的,因为自 2008 年以来,世界上许多国家的经济状况都在持续恶化。世界银行发布的数据显示,2010 年,所有北美洲经济体、3/4 的欧洲经济体、澳大利亚、新西兰,以及印度等地的就业人口比例比 2008 年危机爆发时还低，这说明它们的经济状况在持续恶化。到 2012 年，上述国家和地区当中，某些经济体的情况比之前还要糟糕。

我在本书中强调，这场被人们称作次贷危机的风波，实质上是房地产泡沫破裂带来的恶果。尽管在房地产泡沫破裂之后又出现了许多吸引人们注意力的事件，但这个本质论断放到今天来看仍是正确的。房地产泡沫，以及促使泡沫产生并扩大的心理因素，是这场危机的真正原因。虽然人们对金融创新横加诟病，但是金融创新既不是这次危机的主要原因，更不可能是其根源性原因。当然，我承认在创新的过程中肯定会触及某些人的痛处，这与此次危机确实有较大的关系。危机爆发之前，监管者和央行的疏失都对泡沫的产生和发展造成了重要影响，但这并不能成为危机爆发的核心原因，相反，正是由于泡沫的存在，使得整个社会充斥着自负的情绪，这才导致监管的缺位。

此次危机因次级贷款而得名，这种贷款确实在世界各国的房地产泡沫中扮演了一定的角色。尽管全球都以次级贷款命名此次危机，但实际上使用次级贷款最多的国家还是美国，也就是此次危机的发源地。随着危机在全世界蔓延，人们的注意力逐渐从次级贷款转到政府债务问题上。目前危机最新的发展阶段（尤其是希腊、西班牙、意大利和其他一些欧洲国家发生的问题）被称为欧洲主权债务危机，这已经成为目前最应该担忧的问题。此次危机爆发前的 10 年间，房地产泡沫的出现使得人们非常自负，从而使得美国政府对高额债务视而不见，最终导致次贷的爆发式增长和破灭，同样的自负情绪也是导致欧洲各国政府高额债务的"幕后黑手"。除此之外，正是由于次贷危机使得人们对整个金融体系失去信心，所以才在 2009 年引发了欧洲主权债务危机。仅以 21 世纪的标准判断，世界各国的金融体系都是相互关联的，不仅在书面合同上有关联，内在的文化和制度上也有高度的相似性。

显然，我们在次贷危机中遭受了严重损失。本书的主旨就是解释次贷危机的成因及其发展过程，也就是试图说明为什么次贷危机会引发更为严重的金融危机。除此之外，我也试图通过本书向读者说明，社会需要某些可靠的金融制度保证资产市场的稳定以及经济的健康，我们需要不断地革新这些制度，以促使其不断向前发展。

自本书第1版问世后4年，世界金融史可谓极其悲凉。在这种背景下，我们一方面需要采取一些立竿见影的措施，另一方面也需要考虑进行一些长期的制度改革。我所中意的长期改革，包括本书第五章介绍的更为灵活的抵押贷款工具，我坚信这种改革能够取得成功。与此同时，我们还是需要采取一些立竿见影的措施帮助那些抵押贷款完全无望还清的房屋购买者。

住房融资业务的兴起与崩溃

用事件发生几年后的眼光回望当年的情境，我们会问：为什么次贷市场的产生和破灭都发生得如此迅猛？其实，导致问题产生的原因很多，也很复杂。根源性的错误理念就是似乎所有人都认为房价永远不可能下跌，至少长期内不会持续下跌，人们相信房价永远都处于一条上升的通道。

2011年，卡尔·凯斯和我对4个城市的新近购房者进行了访谈。我们向他们提问："你是否同意下列说法？'住房价格永远不会下跌，即便短期内下跌，也会很快涨回来。'"我们进行这个访谈项目的时候，美国的住房价格已经连续 5 年实质性下跌了。即便如此，仍有 20% 的受访者同意上述说法。可以推测，在次贷危机爆发之前，持有这种观点的人肯定不在少数。或许大多数普通人都不会认真地思考这个问题，也不会得出房价不会下跌的结论，但大多数人都相信，由于人口越来越多，对经济发展的需求越来越旺盛，所有这些长期的社会压力加在一起，肯定会促使房价不断攀升。

如果一个人相信房价不会面临持续下跌的风险，那么这个人肯定也就认为抵押债券都是相当安全的金融产品。如果购房者无力偿还贷款，那么放款人可以取消房屋的赎回权，把房子卖掉，这样就能获得足够的资金抵充贷款余额。人们甚至认为现实操作当中不会出现取消房屋赎回权的做法，因为当住房所有者不愿意继续偿还抵押贷款时，他可以把房子转卖，自己获得现金，既可以避免被取消赎回权，又可以免除后续可能出现的损失。

此次危机爆发之前，很多人都不相信房价会在长期内持续下跌，这种盲目的信念让我感到非常疑惑。对我而言，这种房价下跌显然会发生，因为自 21 世纪初开始，房价就以极高的速度攀升，到危机爆发的前夜，房价已经飙升至一个不正常的高位。这种情况显然不能持续，当越过临界点之后，房价肯定要下跌，而且会在很长一段时间内停留在较低的水平。不用多说，这种情况已经构成房地产泡沫，并且有很多人持有和我相同的观点。但持有这种观点的人在整个社会中仍然只占到极少数。每当我和那些坚信房价不会长期低迷的人交谈时，我总能发现，这些人要么没有读过历史，要么没有接触过有关房价的数据，他们的观点完全盲从于社会的主流观点。

我们不应该盲从于社会的主流观点,而应该相信通过对历史的严肃分析,以及运用社会科学原理进行分析之后得出的结论。更为重要的是,我们必须信任数理金融学的理论,毕竟这些理论是在经历了行为金融学革新之后,经过学者们的分析和修订才形成的。

另一个令人费解的谜题是:住房抵押贷款支持证券(RMBS)是一种在20世纪70年代之前完全没有市场需求的证券,但为什么短短几年之内,这个证券的交易市场竟能够成长得如此巨大?在房利美和房地美开始发行住房抵押贷款支持证券之前,投资者一般都是投资持有抵押贷款的银行的股票,那么投资这些银行的股票与购买住房抵押贷款支持证券之间到底有什么本质差别呢?

放眼世界大多数国家,证券化业务从来没有发展成一种主流业务。而证券化业务在美国的兴盛也完全植根于政府的支持。如果美国政府没有实质上构成对房利美和房地美的资助,那么抵押贷款证券化业务或许根本无从起步。

危机爆发之前,许多理论家认为抵押贷款证券化是一项重要的创新。证券化的抵押贷款帮助人们解决了一个"柠檬市场"困境。最早提出所谓"柠檬市场"困境的是乔治·阿克尔洛夫,他的这套理论大意是,普通人通常都不愿意购买未经标准化处理的商品,或者是无法验证品质的商品,比如二手车,他们担心自己没有足够的经验判断商品是否存在缺陷,而且猜疑商家会故意向自己推销"柠檬市场"的商品。商家当然知道商品的好坏,但是买家无从得知。如果一个人先入为主地认为商家出售给自己的一定是不好的东西,那这个人肯定只愿意支持同类商品的最低价。恶性循环之下，商家根本就不会拿出好东西来卖，于是整个市场就变成一个只卖劣质商品的地方。之所以把证券化业务称为一项创新，就是由于它能够解决"柠檬市场"的问题。

"柠檬市场"这个问题是有药可解的。通过金融创新至少能在一定程度上进行缓解。将抵押贷款做成证券，交给独立的第三方评级机构进行估值，并且把同一个机构发行的证券拆分成不同的等级，交给不同的专业机构进行评估，这样能够有效降低投资者买到"柠檬市场"中那些次品的风险。根据这个理论，投资者应该能够信任较高等级的担保债务凭证（CDO），至少信任度要比任何抵押贷款放款机构自行设计的贷款池或其公司股票要高。所以，投资者也更愿意购买高等级的担保债务凭证，从而也给住房贷款放款机构开辟了新的资金来源。

把证券化产品分级是一个不错的想法，但在实际操作中却没能得到较好的执行。背后的原因前文中已经提过，那就是大多数人，包括评级机构在内，都认为房价不可能下跌。所以，即便证券化业务背后的理论是站得住脚的，但是现实中产生的证券却获得了过高的评级，也导致人们过度信任这些产品。

这也是导致历史上反复出现金融危机的症结所在。只要人类的本性不发生改变，我们就总是容易促生经济泡沫，也容易受到泡沫破裂带来的伤害。

我在本书中其实是比较赞同抵押贷款证券化这样的金融创新的，只不过可能需要经过长期的酝酿，在未来的某个时候再推出。尽管当下民众对金融创新仍然持有敌对和怀疑的态度，但我还是主张应该进行此类创新。

本书观点的持续有效性

本书第四章提出了一条最值得关注的短期方案，也就是我们应该为那些无力偿还抵押贷款的住房所有者找到某种出路。只有帮助这些人降低他们担负的抵押贷款额度，才能避免这个群体退化成影响市场信心和经济稳定的不良因素。我所提的短期方案类似于大萧条之后，美国政府创设的业主贷款公司。但是，目前我们还没有看到任何类似的措施变成现实。美国可以说是最热衷于讨论这个问题的国家，而美国政府也为资助那些无力还贷的住房所有者设计了一些方案——住房偿付能力贷款修改项目（HAMP），住房可偿付融资计划（HARP），购房者偿付能力及稳定计划（HASP），以及住房可偿付融资计划二期（HARP II）——但这些方案都没有取得令人满意的效果；这些方案并没能帮助住房所有者实质解决难以偿债的问题。

这种状况迄今为止没有一点儿好转的迹象。根据标准普尔/凯斯－席勒住宅价格指数，自本书第1版问世到2012年第一季度，美国的住房价格下跌了18%，这使得住房所有者承担的债务变得更加沉重，他们所购房屋的价值相比2006年的峰值下跌了35%。根据美国一家房地产分析机构（CoreLogic公司）发布的负资产报告的预测，截至2012年，将近有1/4的美国住房价格处在其抵押贷款总额价格之下。我们必须解决这个问题，否则仅在美国一个国家就会再次出现成千上万的取消赎回权的事件。在世界其他一些出现房地产价格下跌的国家，人们也面临同样的问题，但他们所遇到的问题的规模通常都很小。

问题一直在持续，公众也有意愿看到更多的抵押贷款偿付调节计划的实施。实际上，许多抵押贷款的调整偿债方案，对投资者和购房者同样有利，并且能够同时符合美国和国际社会的利益。问题之所以长时间得不到解决，尤其在问题最严重的美国，症结在于次贷危机发生之后留下了一个巨大的烂摊子，没人能够简洁地理顺危机遗留的各种法律问题。政府做出的任何政策调整，对投资首次抵押贷款和再次抵押贷款的投资者会造成不同的影响，对于购买了不同优先级的担保债务凭证的投资者也会造成不同的影响。要想把利益不同的群体召集在一起，商议出一个一致的解决方案将是非常困难的。所以，这是一个集体的问题，其实也正适合由政府出面牵头解决。

在解决法律法规障碍方面，我们已经投入很长的时间，不过现在看来我们已经有希望出台一套解决方案。目前，有人开始倡议，美国的州政府和地方政府，通过自身具有的土地征用权强迫投资者接受抵押贷款偿付调节计划。各级政府在这项权力的支持下，可以出于为公众利益考虑的目的废止原有的抵押贷款协议，向原抵押贷款的放款人支付以真实市场价值为基准的一笔贷款清偿款（可以说这笔款项将会低于购房者违约情况下所需支付的全额款项，也会低于抵押贷款放款人簿记时登记的价格），然后再由政府向购房者发放一笔本金较低的贷款，虽然贷款本金减少，但至少能够足额抵充政府投资者为购买抵押贷款而支付的金额。加利福尼亚州的圣伯纳迪诺县和安大略市已经开始联合，通过行政权力推行这种方案。所以，我仍然抱有希望，本书中提倡的为有困难的购房者提供帮助的建议仍然可能变成现实。

通过这种措施使经济重归正轨只是权宜之计，我们并没有打算长期这么做。最理想的状态下，我们仍然要推动一些缓和的、长期的解决方案成为现实。长期的变化至少从表现形式上看应该使得金融体系在没有政府干预的情况下运作得更好，应该重新梳理美国的金融制度，使得它们在金融理论的检验下也显得更合情理。

本书第五章所提的一些长期建议已经开始崭露头角。本书有一个贯穿始终的主题，那就是通过一些具体的措施，促进金融体系的大众化，使金融行业更好地为公众服务。2010年，美国出台了《多德-弗兰克法案》，它被称为"大萧条"之后美国境内最重要的金融立法，这部法案就包含了一些推进金融大众化的措施。根据该法案的要求，成立了金融研究办公室，其职责就在于将原本只有金融从业者知悉的信息传播给美国民众。我在本书中倡议，应该建设新的金融数据库，并且向公众开放，这部法案正好创建了一个这样的信息传播基础架构。同时，该法案要求组建美国消费者金融保护局（最早由伊丽莎白·瓦伦提出的建议），也正好就是本书所描述的新金融体系的监察者。这部法案还要求成立住房咨询办公室，这等同于在某种程度上向民众提供了全面的金融建议。2010年出台的《患者保护与平价医疗法案》也同样推动了金融的民主化，并且改善了信息传播的基础架构。在该法案的支持下，出现了医疗保险交易所，降低了人们在投保医疗保险时，因原本已经存在的疾患而被排除在可保险对象之外的选择性偏见，满足了个人自付医疗风险的需求，维护了属于患者本人的权利。

世界上其他一些国家已经采取类似的长期措施，或者也正在考虑推出类似的措施。因为国家数量众多，我很难在这里一一描述，但至少从二十国集团财长和央行行长会议发布的宣言来看，这些国家在应对危机方面都朝着推动长期制度改革的方向前进。宣言强调了"金融包容性"

的重要地位。二十国集团的目标是开发"一套基本的金融包容指标,用于帮助各国政府、政策制定者和股权持有者,共同致力于在全球范围内衡量金融服务可用性的实现进度,并且对这一进程长期跟进"。同时,还会"在数据整理方面,针对金融包容性给予必要的支持"。二十国集团的财长们支持由"全球化的市场引导金融的权威"组成的金融消费者保护网,并且一致认可金融教育的重要性。

本书所提倡的金融民主化与二十国集团宣言中提出的金融包容性有一定的相似之处,但并不完全一样。本书倡导的金融民主化,是鼓励普通人更多地利用金融的风险管理功能解决日常生活中的担忧,本质上是倡导更多的金融创新,而不是简单地让更多的人能够获取现在已经存在的传统金融服务。

政府很难从这个视角推动创新,它们通常本能地想到为正在开展的活动提供资助,或者向某些活动征收税款。真正的金融创新需要长期酝酿,通常也都是由私营领域的企业发起的,也是由金融行业的从业者想出来的,政府在创新的过程中更多地扮演支持者和规则制定者的角色。即便如此,创新也需要经过多年规划才会逐渐实现。

本书介绍的大多数长期政策建议都还沉睡在襁褓中。目前最急需去做的事情,是为那些愿意与客户签订忠诚服务协议的金融顾问提供资助,而不是让他们从客户身上谋求更多的佣金或其他收入,并且也应该采纳本书提出的长期建议:持续性调整抵押贷款偿还方案,对住房抵押贷款业务进行根源性革新。我们需要创设新型的经济测算单位,比如"篮子",这会使得编制通胀指数的工作变得更简单,也可以预防人们产生"房价永远不会下跌"这样的错觉。我们需要针对那些对人们生活影响最大的风险创建更多、更全面的新型市场，比如应对交易房价下跌风险的市场。我们还需要考虑为政府融资提供更好的方式，比如发行以一国国内生产总值（GDP）为基础的股票等。我们还需要设计更好的风险管理工具，比如住房权益保险和生计保险。人性的本能缺陷导致我们无法正确地管理风险，由此才引发了金融危机，如果拥有上述这些重要的革新，我们就可以更好地解决这些问题。

根据历史经验来看，金融创新的进展缓慢并不令人吃惊，这预示着金融体系的根本性改革可能需要持续几十年，甚至几个世纪。本书中提出的一些建议或许让人听上去野心勃勃，要让它们变成现实则需要更长的时间。所以，如果想在未来几十年促成一些重要的金融创新，那么今天就该动手做一些有实效的事情。我们今天所做的事情有一个共同的目标，那就是为了更好地服务公众，促进经济早日从此次危机中复苏，并且预防同样的事件再次发生。

导论

"次贷危机"这个名称代表的是在我们经济领域和文化领域中出现的一个历史转折点，其核心内容是指始发于2006年美国住房市场投机泡沫的破裂，进而在现阶段以金融状况恶化以及全球信贷紧缩的形式引发许多国家的连锁反应所带来的一连串后果。次贷危机所释放的能量可能会肆虐很多年，我们还将面临更多的间接破坏的威胁。信用市场的混乱状况已经达到史无前例的程度，并将会对我们的经济体系产生非常严重的影响。尤为重要的是，这场危机已经引发一些根本性的社会变化——那些影响我们的消费习惯、价值观及人与人之间相互关系的变化。从此以后，我们所有人的生活及工作交往的方式都会与以往有所不同。

如果让这些破坏性的变化随意蔓延，这些变化所造成的破坏将不只限于经济方面，还将危及我们社会的基础——那些人与人之间的互信、乐观以及共同的习惯和生活方式，而且这种破坏的后果将会在今后数十年持续不断地显现出来。对社会基础本身的评估非常困难，特别是那些很小、很分散的单元及细节很容易被忽略。但社会基础确确实实处于危险之中，在考虑应对次贷危机的解决方案时，我们应该把它摆放到那些我们所关注问题的中心位置。

历史无数次证明经济政策在维护社会基础方面所能发挥的重要影响。第一次世界大战后的欧洲，就曾经遭受一份特殊的经济协定所带来的严重破坏，这份经济协定就是《凡尔赛和约》。在这份标志着战争结束的和约中，规定了对德国的惩罚性战争赔款，德国需要赔付的金额远远超出它的偿付能力。约翰·梅纳德·凯恩斯在凡尔赛当即以从英国代表团辞职作为抗议，并于1919年出版了《和平的经济后果》一书，预言该和约将会导致灾难性的后果。那时凯恩斯的说法没能引起任何人的重视，该和约的效力也一直在持续，然而事实上德国却从未能支付规定的赔款。凯恩斯所预言的灾难还是降临了，只是换了另外一种形式，一种强烈的民族仇恨的形式，而且仅仅一代人之后，第二次世界大战就爆发了。

一场具有可比性的灾难——虽然不属于完全相同的性质——今天正在酝酿之中，类似的忧虑正在敲打我们的神经。又一次，很多人由于不能偿付贷款正被债主强行追讨；又一次，他们觉得出现的这些问题并不是他们的责任，这些问题是由一种他们无法控制的力量引发的；又一次，他们眼看着曾经十分值得信赖的那些经济机构在他们周围一个接一个地轰然倒下；又一次，他们觉得被骗了——被灌输了那些过分乐观的思想，以致被诱使去冒过高的风险。

目前，社会和经济的躁动与无序带来的破坏是什么性质、有多大程度，现在还很难预测，但是若干年的经济增长减速已基本成为定局。我们因此得准备过若干年的苦日子，就像瑞典和墨西哥在20世纪90年代早期出现按揭贷款泛滥后的情形。甚至可能出现另一个"失去的10年"，像墨西哥高油价带来消费热后在20世纪80年代遭受的痛苦，或者像日本20世纪80年代房地产泡沫破裂后在20世纪90年代经历的磨难。

在本书中，我认为产生次贷危机的房地产泡沫之所以最终能增长到如此大的程度，是因为作为一个社会整体，我们并不完全了解投机泡沫，也不知道怎么处理投机泡沫。甚至那些掌握着全面资讯的有识之士——他们当然从历史的教训中知道泡沫的存在，并且可以转述其中一些具体的案例——也并不完全清楚次贷危机酝酿过程中的真实情况。商界领袖及政府领导人既不知道怎么处理这种局面，也没有建立相应的新的金融体制对此进行必要的管理。

全球性金融危机的根本原因是房地产泡沫（早先的股票市场泡沫也对此"贡献"颇多）造成的心理恐慌，这个观点我们以前已经进行了很充分的阐述。但是很显然，大多数人对这个观点并没有认真理解，至少他们并不完全认同由这个观点所推导出来的那些结论。在分析危机原因的时候，人们通常把它完全归结于这样几类原因：住房抵押贷款人的欺诈，证券投资人、对冲基金、评级机构的贪得无厌，甚至美国联邦储备委员会（美联储）前主席艾伦·格林斯潘所犯下的错误。

现在，是让我们正确认识正在发生的这一切，并采取切实的步骤，重新构筑住房市场和金融市场经济体系的制度基础的时候了。这样做就意味着在采用短期手段降低危机风险程度的同时，还应着眼于一些长期变革，以控制泡沫的增长，稳定住房市场以及更大范围的金融市场，为房主及商业活动提供更大的金融保障，而要想做到这一点，就必须充分放手让那些新的观念促进金融创新。

泡沫里的危机

次级抵押贷款市场的问题始现于2007年的美国，之后蔓延到整个世界。从20世纪90年代后期开始，房价及房屋产权交易的热度不断上升，市场一派欣欣向荣，投资房地产似乎成了所有人保障财务安全，甚至追逐财富最有效的途径。

1997—2005年，美国住房自有率的各项指标在所有地区、所有年龄组、所有种族组、所有收入组都出现了全面上升。根据美国统计局的资料，当期住房自有率从65.7%上升到68.9%（其中房主自住房的比例至少有11.5%的增长）。据统计，美国住房自有率增长最快的分布状况为：西部地区、35岁以下年龄组、收入低于平均线的人群、拉美及黑人族群。

鼓励居者有其屋是一个意义深远而且令人肃然起敬的目标，它传达的是一种参与意识以及国家认同感，而且较高的住房自有率对一个健康的社会也有着相当多的益处。在后文，我将回顾美国在20世纪推广居者有其屋时所采用的机制及其演变过程。但美国出现的次贷危机说明在推广居者有其屋时如果走得太远，也会出现问题。居者有其屋当然有很多好处，但这种方式并非对所有人在所有情况下都是最理想的居住选择。我们现在已经开始接受这个现实，因为自2005年起，美国的住房自有率已经开始出现下降。

次贷危机的成因链条是怎样的呢？过分冒进的抵押贷款人、丧失原则的评估师以及信心满满的借款人，合力推动了住房市场的繁荣。抵押贷款的始作俑者按预先做好的计划准备将这些抵押贷款转售给券商，因此，他们对偿债的风险审查并不是十分上心。通常情况下，他们对借款人还款能力的评估一般都只是走走过场，很少通过国税局核实借款人的收入状况，虽然之前他们都例行公事地要求对方签署了一份允许做这个核查的委托书。有时，这些放款人还会怂恿那些信用记录历史很短、很天真的人进入急速膨胀的次级抵押贷款市场借钱。这些按抵押贷款被以一种非常复杂而且颇为神秘的方式，通过打包、出售、转售等不同手段转让给了世界各地的投资人，这套程序为这场危机搭建了一个实实在在的国际化平台。住房市场的泡沫，加上泡沫与抵押贷款证券化过程中的激励机制间的相互作用，还有被放大了的道德风险，进一步刺激了抵押贷款人中的某些害群之马，使得他们更加胆大妄为。

高房价使得建造房子变成一项高利润的业务，2005年第四季度住房投资在美国GDP中的比例上升到6.3%，是1950—1951年那波住房繁荣以来的最高水平。尽管美国国家领导人对前景的展望总是一片光明，但随着大量的新房涌入市场，美国的房价在2006年中期还是开始下跌了。由于价格下跌呈加速的态势，住宅建筑市场的繁荣率先见顶了。

与此同时，抵押贷款利率也结束了刚开始那段时期的"优惠"，开始被调高了。借款人，特别是次级抵押贷款的借款人，开始出现断供的情况，原因可能是欠款的金额超出房屋的市场价值，也有可能是用现在的收入无法再支付高企的月供。那些金融机构曾经热情地参与在当时似乎是一个勇敢者新世界的居者有其屋推广计划，以及神奇的金融创新，而现在大多数都处于不同程度的危难之中。国际信贷市场开始出现资金呆滞的迹象。

我们现在基本可以确定，我们必须做好面对一场严重的经济紧缩的心理准备，这场紧缩将会给那些处于危机中心的次级抵押贷款借贷者，以及散布在这些借贷者身后的数百万人民带来深重的灾难。美国的银行及经纪公司损失惨重，花旗银行、美林证券及摩根士丹利的主要领导者都丢掉了工作。目前整个社会的局势依然十分严峻。

危机还在向住房市场以外的领域蔓延。信用卡及汽车贷款业务的违约率也出现了可怕的攀升。地方债券保险人的信用评级出现了下降的苗头，这种情况带来的直接风险是，市场上已经出现的这些问题可能会波及国家和地方政府的财政系统。商业票据市场遭受了沉重打击，企业融资债券市场也同样受到影响。

次贷危机也不会止步于美国的边境。在整个世界范围内，繁荣的地产市场已经出现见顶的迹象，最起码也是走平的迹象。金融危机的影响已经渗入其他国家，下面的情况可以作为例证：德国的德意志工业银行和萨克森银行濒临破产，法国巴黎银行管理的几只基金已经清盘，英国北岩银行出现挤兑。

紧接着，这些在美国以外的地方出现的问题，又将其影响反馈回美国，引发了美元的疲软、股市的动荡以及一系列新的金融问题，比如美国最负盛名的投资银行贝尔斯登公司面临的困境。这个残酷的反馈循环系统——在美国产生的问题从美国流到其他国家，然后又流回美国——当然不只是简单的重复。

不要因噎废食

目前的经济危机常常被某些人作为要求"复辟"——退回过去那种简单的金融交易方式上的理由，这种想法当然是完全错误的。事实上，目前的局势正好给了我们一个机会，让我们可以更加努力地认真思考并切实改进我们的风险管理制度，进一步巩固和完善我们发展中的金融系统的基础架构。尽管发生了现在的这场危机，但毋庸置疑，我们现在拥有的这个非常现代的金融体系在最近的数十年取得了很多历史性的成就，并且成为经济增长的强大引擎，所涉及的范围包括支持大学重大项目的研究，以及建设学校和医院等。

每一次危机都孕育着变革的种子。我们可以用积极的方法重新构建金融活动的制度框架，以稳定经济秩序，重新激发各个国家的财富梦想，大力支持那些金融创新过程中的佼佼者，让经过这场危机洗礼后的世界甚至比没有出现危机的世界更加美好。现在，这样的时机已经成熟。

本书尝试揭示现在正横行世界的次贷危机的真实面目，并为认识这样一种制度性涅槃奠定基础。本书认为，常识性的短期修补和更深层次的长期改进都将把我们带进一个充满不确定性的未来。本书不可能包罗其他人所提出的解决危机的全部建议——理由很简单，这类建议简直汗牛充栋。本书将设定一些更大的目标，使未来的最终解决方案极有可能围绕这些目标产生出来。

本书针对的读者群遍布全世界。次贷危机现在是一个实实在在的国际问题，书中提供的解决方案原则上也可以被其他国家采用。

正如我们已经知道的，机制变革意味着提供一个更强大的架构，在这个架构下，有足够的空间供我们的地产及金融市场运行。无论火车的动力有多好，技术装备水平有多高，它必须与供其运行的铁轨相适应。政策机制与保险机制是供金融市场和房地产市场运行的两条铁轨。然而现有的风险管理机制已经老朽，极不稳定。我们现在是在古老的铁轨上跑高速列车。政府领导人和商界领袖必须仔细检查铁轨及枕木，并进行必要的更换。次贷危机解决方案的内容全是关于机制变革的：超越短期修补的愿景，以及改革上层建筑的勇气。

上次房地产市场危机留下的教训

尽管次贷危机是全球性的，但要了解危机的本源，还应该回到它始发的地方，回到它始发的年代，即20世纪的美国。在这次次贷问题发生之前，美国最近的一次大规模的住房市场危机发生在1925—1933年。这期间，住房价格下跌了30%，失业率在大萧条的顶峰时期上升到25%。危机毫不留情地暴露了那个时代金融体制的缺陷。当时，大多数人借了5年期或更短的短期抵押贷款，他们满心希望能在贷款到期前申请展期。但是，由于危机爆发，借款人慢慢明白，他们不可能继续获得融资支持，只能眼睁睁地看着自己的房子被债主收走。

当时还没有相应的公共机制保护借款人免受由于未能获得新的按揭而失去家园的痛苦。不过由于高层领导人的不懈努力，对制度框架进行了相应的变革，最终避免了大规模民众无家可归现象的出现，恢复重建的目标也最终得以实现。

这场历史性危机中的政策手法应该可以在制定针对类似问题的解决方案时加以借鉴，用于解决我们现在面临的危机。由于大萧条期间房地产市场的问题恶化，私营及公共领域出现了很多影响深远的重大创新。尽管富兰克林·罗斯福的新政在历史上备受关注，但这些意义重大的变革的出现其实并不能完全归功于某个人制定的政策。准确地说，它反映的是政府领导人及商界领袖齐心协力认识危机，并在充分了解危机的基础上，对美国经济的体制基础进行必要改革所做的共同努力。

在全美房地产经纪人协会（美国房地产经纪人协会的前身）的提议下，美国国会在20世纪30年代早期建立了新的联邦住宅贷款银行体系，这个体系与1913年依法建立的联邦储备体系平行。联邦储备体系拥有12家区域性银行，新的联邦住宅贷款银行体系也拥有同等规模的机构；联邦储备体系拥有对其成员银行进行资产折让的权力，联邦住宅贷款银行体系也能向抵押贷款发起人提供同样的帮助。这是在应对大规模危机时的一个颇为大胆的做法。联邦住宅贷款银行体系此后曾经做过一些调整，但直到今天它仍然和我们共同生活在一起，并通过向抵押贷款提供资助帮助我们应对现在的这场危机。

私营领域的变革也同样充满新意。1932年，地产评估业者走到一起，成立了美国地产评估师协会，使它成为一个真正意义上的专业组织，该组织现在叫美国评估协会，这个名称是在1991年与地产评估组织合并后才正式启用的。而早在20世纪30年代早期，协会的正式成员就已经在公司名称后加上M. A. I.（Member, Appraisal Institute 的缩写）标志自己是美国评估协会成员单位。在危机的压力下，这个新生的专业评估行业开始采用信息技术的最新成果——雷明顿兰德公司和国际商业机器公

XXXI

司（IBM）生产的穿孔卡和运算系统，对数据进行批量处理。这些20世纪30年代住房市场危机时产生于私营领域的创新成果一直沿用到今天，并通过为抵押贷款人提供更为可靠的房屋估值，帮助防范——至少是限制——危机的进一步恶化。

当时，为应对很多房屋所有人面临的丧失抵押物赎回权的冲击，立法层面也出现了里程碑式的变革。1933年，也就是赫伯特·胡佛政府任期快结束的时候，美国国会通过了新的《破产法》，该法第一次让大多数普通的工薪阶层可以通过破产保护保障自己的权益。从这个意义上说，危机引发的改革不仅稳定了房地产业，还进一步推进了当时金融体制的民主化进程，维护了公共利益，使所有人都可以受益于更有效率的金融技术。

改革并未就此止步。1933年，罗斯福就任总统后，美国国会成立了住房房主贷款公司（HOLC），向地方的住房金融机构提供贷款，使高风险的住房抵押贷款转变为担保性质，与此同时，对住房抵押贷款提供政府补贴。住房房主贷款公司做的并非只是提供补贴那么简单，而是改变了抵押贷款行业最基本的规则。住房房主贷款公司坚持，由它资助的新的抵押贷款期限必须是15年，利率固定而且自选分期还款，这就意味着每月的还款额是基本固定的，由此也就避免了到期日巨额还款的压力。

1934年，美国国会成立了联邦住宅管理局（FHA），目的是帮助那些当时还没有能力买房的人圆自己的住房梦。联邦住宅管理局在改进按揭机制方面走得甚至比住房房主贷款公司还要远：将贷款期限提高到20年，同时也像住房房主贷款公司一样，要求抵押贷款的利率固定，自选分期还款。这套办法开始慢慢地演变成现在很常见的固定利率抵押贷款模式，这种始于20世纪50年代的模式使抵押贷款渐渐成为一种长达30年的契约，这种做法同样也得到了联邦住宅管理局的支持。

还是在1934年，美国国会批准成立联邦存款保险公司（FDIC），为银行体系提供保险服务，防范再次发生类似1933年出现的与房地产市场危机关联的可怕的银行倒闭现象。尽管在国家层面上提供保险在当时还是一个相当激进的新生事物，但它运行良好，从此以后，美国没有再出现过银行挤兑的现象。

另一个出现在1934年的影响更深远的创新，是美国国会批准成立证券交易委员会（SEC），该委员会是一家从一开始就致力于保证金融市场良好运转的管理机构。美国证券交易委员会建设性地处理与金融机构的关系，按照对各方公平、有利的原则开展工作。

1938年，美国国会成立联邦全国抵押贷款协会（FNMA），不久被戏称为房利美，现在这个戏称已经成为正式名称。房利美对抵押贷款行业的支持又更进一步，最终培育了蓬勃发展的抵押贷款债券化市场。

为应对20世纪30年代金融危机而推出的各项措施的合理性很清楚地反映在相应建立起来的机构的寿命上：除了住房房主贷款公司外，其他所有机构目前都还在运行。不仅如此，这些机构还成为全世界类似机构的榜样。这些机构在全球的推广持续了很多年，有些是数十年，现在的情况是，每一个有着先进经济体制的国家都有一个类似证券交易委员会的机构，虽然有些国家的类似机构到20世纪90年代才建立起来。另外，世界上的主要国家也都为银行和相关机构提供储蓄保险，以鼓励低收入者购买住房。

泡沫破裂后的救急式处置

最近一次的次贷危机相当严重,但政府做出的反应与20世纪30年代的情况比起来令人失望,而且从所涉及的范围看,推出的措施总体来说还远远不够。

乔治·W. 布什在2007年夏天宣布了联邦住宅管理局住房保全再融资保险计划救市行动,旨在帮助那些浮动利率抵押贷款人免受高利率的困扰。但是,就算该救市计划预定的目标全部得以实现,这个计划能帮助贷款人得到的也只是由房利美担保的抵押贷款,只占全部抵押贷款总数的大约2%。而且从实际的效果来看,差距就更大了。

主流动性增强管道(MLEC)救市计划由美国财政部长小亨利·M. 保尔森于2007年秋季提出,这个救市计划的总规模就算是按其最大的可能计算,也不足大萧条时代改革的产物——现在仍在运转的联邦住宅贷款银行体系的1/10。而且随着计划停滞,主流动性增强管道救市计划也被完全取消了。

美国证券化论坛于2007年底推出的可调利率抵押贷款重置标准的实施,虽然会带来对抵押贷款赔付额的调整,但能纳入盘子的金额还不到联邦存款保险公司所承保的存款额的1%。

根据布什政府公布的2008年2月的谈判结果,救生索计划(Project Lifeline)抵押失效到期日的宽限期只有30天,而且这仅仅是一些主要的放款人对总统的呼吁所做出的表态。

已颁布的其他措施还包括美国联邦储备局的降息,2007年12月21日公布的定期标售工具(TAF),2008年3月11日公布的定期证券借贷工具（TSLF），2008年3月16日公布的一级交易商信贷工具（PDCF），此外还有2008年2月13日由布什总统签署生效的《经济刺激法案》。这些措施或许会有些效果，但一揽子经济刺激计划里的减税方案、定期标售工具、定期证券借贷工具和一级交易商信贷工具贷款的总规模，合计也只占到美国年国内生产总值的1%，尽管所涉及的规模还在增长，但与现在已经出现的这些问题所处的数量级根本无法匹配。就算是救市所覆盖的范围能够得到进一步扩展，我们还是无法知道这些具体的措施对解决根本性的信心危机——这是本次次贷危机中起决定性作用的危机——能起到多大作用。

上面的所有这些措施中没有任何一项可以算得上是真正的机制创新，没有一个能开创更好的局面来支持我们的房地产市场和金融市场。它们所起的作用仅仅是快速修补性质的，并没能从全方位解决问题的角度切入。

美国国会应对这场危机的反应很慢。参议员查尔斯·舒默在2007年度美国国会联合经济委员会做证时（我当时也在现场）说道："我担心我们现在还不清楚所面临的问题的严重性。我们的应对政策与今后将要面临的危险的数量级远不匹配。"这番话是舒默在笔者动笔前几个月时说的，此后，美国联邦政府和国会对危机给予了更多的关注，但现在还不清楚它们是否能有效地调动解决目前困境所需要的巨大资源。危机在进一步恶化，并开始消耗大量的政府资源，甚至让这些资源本身的持续都可能成为新问题。危机的影响在持续深化，而真正算得上是根本性应对措施的方案，我们仍然一项都还没有见到。

面向未来的机构改革架构

很多记者无数次地问我,对由次贷危机引发的长期衰退的可能性有什么看法;只有极少数人会问我对解决由次贷危机引发的那些根本性问题的意见和建议,或者探寻我们怎么设立新的经过变革后的机制,使我们的社会免遭危机带来的那些根本性问题的危害。事实上,这些问题才是我们真正需要自问的问题。想要最大限度地降低类似这次次贷危机所带来的金融风险对我们的危害,制订计划的时候必须基于下面两条原则。

从短期看,政府领导人及商界领袖首先必须尽快解决已经出现的这些泡沫以及泡沫破裂所带来的后果。船已经开始下沉,在我们采取其他措施前,首先必须施救。事实上,我们应该先救出那些情况特别糟糕的人,同时在某些极端的情况下安排一些具体的救市措施,以防止我们的经济体系崩溃。这些救市的安排应该及时、准确,不能出现任何不公正、不公平的问题。在这种情况下,我们还需要政府进行短期干预,对那些行走在断供边缘、摇摇欲坠的抵押贷款借款人提供必要的支持,这方面或许可以借鉴 20 世纪 30 年代的住房房主贷款公司的做法。

从长远看,前文已经提及,我们需要建设更加强大的风险管理机制,抑制泡沫的增长——泡沫的不断增长是产生目前次贷危机等类似事件的根源——让我们社会的全体成员今后尽可能地不会再次受到此类事件困扰,与此同时,还要保证整个社会的经济发展水平不受到负面影响。

本书提出的次贷危机解决方案期望达到以下三个目标。

第一，改进金融信息基础设施，以便让尽可能多的人受益于更加完善的金融活动、金融产品及金融服务。这意味着我们应该向更大范围的消费者提供更丰富的财经资讯、更有效的财务建议，将他们更好地置于社会体制的保护之下，同时，还应该采用一套更为先进的经济度量单位体系。这些措施将构建必要的基础，使所有的消费者及房主在做财务决策的时候能够基于最充分的资讯而不是仅凭经验，甚至是异想天开。完善的财经资讯及更好的决策手段，能够让消费者自己有能力监控泡沫的影响范围。

第二，扩展金融市场的范围，将更广泛的经济风险纳入其中。这样的一个动议所涵盖的内容是马上大规模地扩大市场规模，这不仅是为了应对房地产市场的风险，同时，也是为了应对其他关键性的经济风险。有了这些更加广泛的市场，加上一个更加可靠的信息基础架构，就可以为各种各样抑制泡沫增长的措施提供基础的金融保障。

第三，开发零售金融工具，包括联动型按揭、住宅产权保险以及生计保险，为消费者提供更大的保障。今天的家庭拥有房产的典型方式是资本投资的形式。房屋所表现出来的是一种不动产高度暴露于单一、固定的杠杆风险下的资产安排——但这可能是人们可以想象到的最危险的资产方式。标准的按揭没有为市场发生变化可能导致的还款困难提供保护，但其实抵押贷款条款中能够而且也应该可以设计一些确保借款人从容应对他有可能面临的那些主要风险的条款，来对这些变化做出补救性的安排。其他的零售工具可以为那些已经付清抵押贷款的房主提供保护，同时也可以保护那些没有购买住房的人免受经济衰退的困扰。

如果我们能够坚定不移地为实现这些目标而奋斗，我们所能做到的就不仅是控制那些引发危机，比如我们今天面临的次贷危机的泡沫，我们还可以为应对今后可能出现的危机提供更强大的保护，鼓励那些更加规范的金融行为，促进家庭财富的增长，强化社会结构，并为经济的更加稳定以及更快增长创造条件。

要把这里提到的所有措施以及其他重要的体制变革的方方面面付诸实践，将会是一项非常艰巨的任务。这应该是社会各阶层的领导者一个共同的使命，而不只是总统或者首相内部班子里某几个人的工作。它需要政策制定者、商界精英、传媒及学界的共同努力。幸运的是，我们现在还有时间、有资源、有智力资本完成它——关键是我们必须认识到变革的紧迫性和必要性。

从次贷危机到金融民主

尽管在谈论目前这场金融危机的各种公开场合中提及这个主题的还很少，但20世纪90年代出现的次贷反映了这样一种趋势（虽然还处于初始阶段）——金融创新所带来的好处将惠及越来越多的人。换句话说，就是开始走向金融民主化。那些重量级的评论家，从美联储前主席艾伦·格林斯潘到已故的房地产经济学家爱德华·格兰里奇都认为，次级抵押贷款是一个有着积极意义的新生事物（尽管其间曾经发生过一些滥贷的个案），因为它有效地将拥有固定资产的特权扩展到了广大的低收入人群。

但是，虽然这些次级抵押贷款有着崇高的社会抱负，但它们的实施过程却是一个彻头彻尾的灾难：它们需要有一部金融机器给它们提供支持和服务，但又缺乏必要的风险管理机制来支撑这部越来越复杂的金融机器的运转——这就是本书的主题。

如果能按安全、高效、前瞻的原则设计风险管理机制，并作为今后市场活动的基础，次贷危机不仅可以被化解，而且化解后还可以催生一种为金融民主化服务的良好氛围。

这种努力的第一个前提是，我们需要更深刻地理解房地产行业所固有的风险，而且可以掌握更快速分散这些风险的诀窍。然而，现在的这些次贷按揭——尽管包含民主的诉求——在启动的时候根本就没有很清楚地认识到房地产行业自身具有的风险。

第二个前提是，在进行现代金融技术创新的民主化扩展时，必须更加透彻地理解人类的心理反应规律，以确保风险的蔓延能同步孕育出正常的经济刺激，控制道德风险。次贷危机从本源上说是根本性的心理问题，因为这一切都是泡沫。危机的产生不是因为天气影响或者火山喷发，而是因为没有预见到那些其实已经非常明显的风险——那种建立在对收益的过度追逐上的"非理性繁荣"，人们买进了一个增长的泡沫。

要彻底解决次贷危机揭示的这些经济问题，需要我们发动全社会的力量，在考虑有效的风险防范的同时，更加努力地促进现代金融技术创新，同时，更加努力地以新政时代改革者的视野，挣脱束缚去想，放开手脚去干。在这个过程中，金融民主化起着至关重要的作用：通过分散风险，为经济生活提供更加牢固的基础。从这个意义上说，金融民主并不只是一个结果，同时也是为其他方面提供服务的手段，当然，这种服务也会产生与其付出相称的结果：通过金融手段促进经济的稳定和繁荣。

金融民主的内涵已经在所谓的微观金融革命中做出了明确的定义。

2006年的诺贝尔和平奖授予了穆罕默德·尤努斯和他的孟加拉乡村银行，为他们正在发展中的创新活动注入新的动力。微观金融革命由一系列新机制组成，它们放贷给那些最小的经济体，通常还是在世界上最不发达的地区。

尤努斯得到了来自中国、俄罗斯以及世界上其他很多国家领导人的赞赏。来自更广泛的世界新兴国家的领导人也对把金融服务带给更多的人表示了相当浓厚的兴趣。墨西哥时任总统费利佩·卡尔德龙召集专家制定了政策，要在该国推广"金融文化"。美洲开发银行也已采取行动，要将其金融服务范围扩展到覆盖整个拉丁美洲的全部人口。

本书提出的次贷危机解决方案中的部分内容与这些计划有着相同的脉络，但也有差别。差别最明显的一个方面是，本书所提及的措施针对的是最发达的国家。本书所讨论的是通过为全体民众建设新的金融基础体系，来应对这场次贷危机以及未来类似的危机，并且通过采用我们已经掌握的最先进的技术来为这个目的服务。

本书的思路

在本书后面的章节，我将通过对次贷危机的各个维度及心理本原的分析，对目前的这场次贷危机进行尽可能完整的描述。然后，我会详细地介绍各种短期及长期的解决方案。贯穿全书所强调的是采取行动的紧迫性。改革制度框架是一项急需马上着手的工作，如果我们想控制次贷危机造成的损失，并从这场危机中有所收获，就必须刻不容缓地启动这项工作。只有这样，我们才能向一个新的、更完善的经济体系迈进。

第一章

历史上的房地产市场

就算房地产市场泡沫不能算是次贷危机和我们现在面临的在更大范围内出现的经济危机的根本原因，肯定也是一个主要原因。那种认为不动产价格只会永远上涨，而且是年复一年节节攀升的看法，制造了一种虚假繁荣的氛围，使放贷人和金融机构降低了贷款的准入门槛，弱化了针对可能出现的违约情况的风险管理。现在，我们担心的违约现象出现了，它不仅规模巨大，而且还具有传染性。

这个泡沫的破裂带动了全美乃至全球经济文明的另外一些方面出现了一连串的变化，这些变化正在引起人们的密切关注。根据标准普尔/凯斯－席勒住宅价格指数公布的数据，自2006年的峰值算起，以扣除通胀因素的实际价格计算的美国住房价格已经下降将近15%。在某些城市和地区，真实跌幅已经达到25%，甚至更高。

到危机结束前，某些城市和地区的真实住房价格与近期的历史最高点位相比较，甚至可能会出现高达40%~50%的跌幅。这么巨大的价格下跌幅度将使美国的经济体系面临严峻的考验。现在已经记录在案的这些幅度相对较小的价格下跌，在为数众多的住房抵押贷款人中引发了比例还不算太大的住房抵押贷款还款拖欠危机，不过，与将来可能会逐渐显现的严重后果相比，目前对发行、持有这些住房抵押贷款以及为这些住房抵押贷款提供保险的金融机构所产生的影响可能还微不足道。

大多数对冲基金基本上都是高度杠杆化的，资产价值的进一步下滑会将那些现在看起来貌似强大的基金深深地按进水里，而这些基金的破产又会反过来对银行和其他金融机构施加更大的压力。我们现在看到的在美国出现的危机可能只是即将到来的更大问题的前兆。正当我们满怀希望地把次级抵押贷款问题当作一部独幕剧看待，认为大结局马上就要到来的时候，事实上它很可能只是一部漫长而复杂的多幕悲剧的第一幕。

以史为鉴

2004年，我着手写作《非理性繁荣》的第2版，准备对内容做必要的更新，并将这本主要讲20世纪90年代股票市场繁荣的书，加入21世纪初房地产繁荣的内容。当时，我打算在书里对住房市场的长期情况做一个分析，所采用的分析方法与我在该书第1版里用来分析股票市场的方法类似。

让我大吃一惊的是，我问过的所有人都说，根本没有住房价格长期走势的任何数据——美国的没有，其他任何国家的都没有。这是一个非常发人深省的现象。如果说房地产繁荣是一件如此美妙的经济盛事，你

第一章 历史上的房地产市场

能否想象，居然没有任何人关心类似的事情以前是否发生过，产生过什么样的后果。非常让人疑惑不解的一个事实是，似乎根本没有谁对30年来或之前发生过什么有一丁点儿的兴趣。这是人类行为方面的一个活生生的教训，也是人类本性反复无常的有力注解。很明显，没有人认真评估过房地产市场的真实价值，以及房地产市场过度投机可能产生的潜在杀伤力。

我还发现，在20世纪前后的不同时间段里，经济学家确实曾经先后建立过一些住房的价格指数，但都是些相对比较短期的价格指数。一直到最近的几十年间，都没有人能以实时的方式提供这些数据。因此，早期的价格指数只能算是一些历史数据的孤立碎片。

在这种情况下，我开发了自己的美国现有住房价格指数，时间跨度一直向前追溯到1890年。我所采用的方式是把各种已有的看起来质量最高的数据系列组合在一起。我只选择那些为提供标准的、没做过任何改变的房子的估值而设计的指数，以便价格指数能够真实反映投资者投资住房所能获得的收益，同时又不受随着时间推移出现新建房子越来越大、越来越好的正常趋势的影响。在着手这个工作的时候，我根本无法找到1934—1953年的任何数据，因此，我只能请我的研究助手们根据旧报纸上刊登的售房广告所标出的价格，自己列表填补这段空白。这段时期现在仍然是我的指数中最薄弱的环节，但对我来说，为填补这段空白，我已经尽了自己最大的努力。

在《非理性繁荣》第2版（2005年版）的图1-1中，我给出了1890—2004年真实（已按消费价格通胀率进行修正）的住房价格指数，同时还有建筑成本、美国人口数量以及长期利率等数据。同样的图表我也放到了本书里，也叫图 1-1，但已经进行必要的更新，2004 年以后的曲线用灰色而不是黑色表示。当时，在《非理性繁荣》第 2 版中我曾经这样说过——这个阶段的房价看上去相当反常，就像是"刚刚发射的火箭"。美国总体的住房价格在 1997—2006 年的高峰期间上涨了 85%。住房的价格显然不可能随表中其他变量的变化而调整，因此看起来就像是火箭要掉到地上。

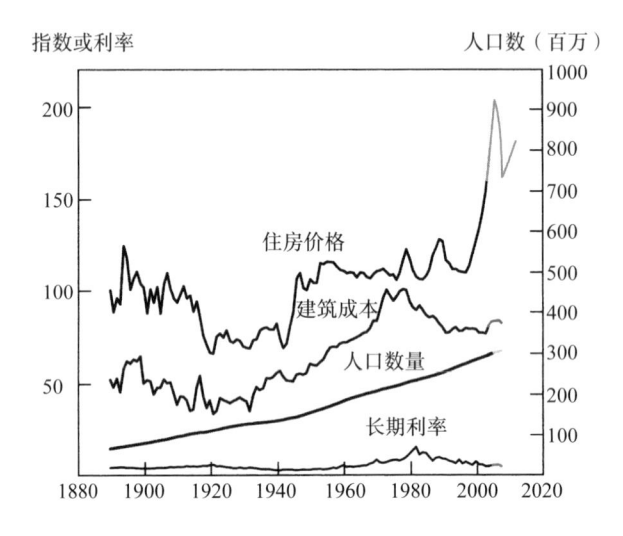

图 1-1　1890—2008 年美国真实住房价格与同期年度的建筑成本、人口数量及长期利率

资料来源：摘自《非理性繁荣》第 2 版，本书有更新，更新部分用灰色表示。住房价格指数以季度为单位给出了 2007 年第一季度至 2008 年第一季度的数据

正像住房价格曲线上灰色部分很清楚地表示出来的那样，最新的数据表明房价出现了惨烈的暴跌。火箭已经开始下坠，见顶后的崩盘根本

没有办法用其他变量出现任何重大改变来解释。

住房价格与建筑成本比值在 2006 年市场加速冲顶的时候出现急剧上扬，同时，住房价格与房租比值、住房价格与个人收入比值也同样急剧上扬。现在，这些数据下降了。住房价格与经济基本面的这种错位现象，很清楚地表明经济形势极不稳定；同时也说明，在价格进行大规模修正之前，问题不可能得到根本性的解决。这基本符合一般经济学规律的特性——尽管短期内也许会背离，但在长期条件下，规律最终总是要表现出其神圣的不可违背的一面。

价格路径的多样性

始于 20 世纪 90 年代末的美国房价暴涨似乎是史无前例的，但事实上并不是真的"史无前例"，你只要研究一下各个具体城市的情况就知道，某些城市住房市场历史上曾出现非常壮观的繁荣景象。但在最近的这一波繁荣浪潮中，有幸经历这种繁荣的城市的数量在急剧增加。图 1-2 给出了主要都市区域的一些例子，同样也用标准普尔/凯斯-席勒住宅价格指数对价格数据进行了通货膨胀修正。数据揭示了不同城市价格走势的差异。不动产市场仍然是区位依赖型的市场。但是，尽管 2006 年见顶前不同城市间存在差异，但所有这些价格现在无一例外地正在下跌，下跌的速度大致与上涨的速度成反向等比。数据显示，与相对价格比较稳定的芝加哥和纽约等城市比较起来，拉斯韦加斯、迈阿密和旧金山等城市的房价都具有在 2006 年以前涨速较快，同时后期的跌速也较快的特点。

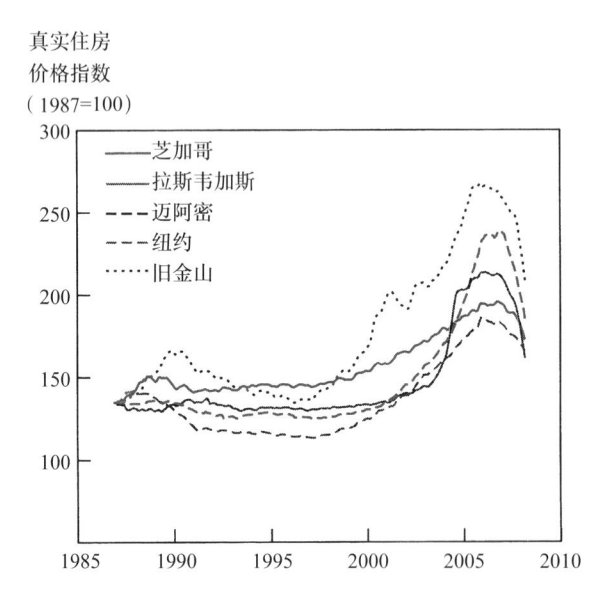

图 1-2　样本城市真实住房价格指数

（以月为单位，1983 年 1 月至 2008 年 3 月）

资料来源：由本书作者根据 www.homeprice.standard and poors.com 和 www.bls.gov 网站提供的数据进行计算

除了不同都市区域的差异外，房地产市场内部的不同房产类型也存在差异。我们注意到，按照住房的不同价格可以划分出不同的独立市场：低价住房在同一个时间段内的表现与高价住房市场的差异很大。图1-3 给出了旧金山都市区的例子，划分为三个不同的价格区间。

第一章 历史上的房地产市场

真实住房
价格指数
（1987=100）

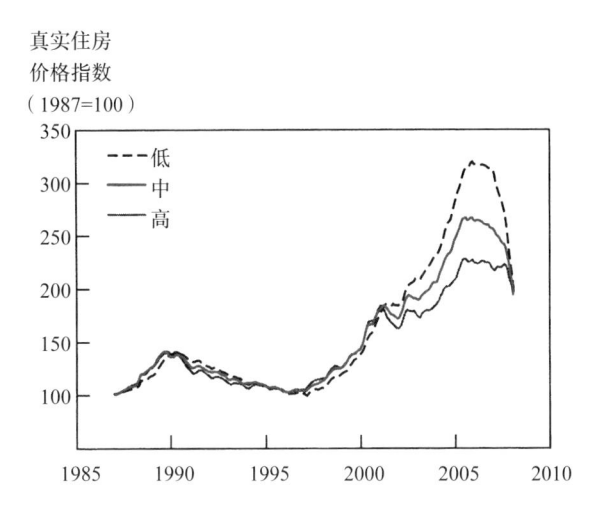

图 1-3 旧金山都市区不同价格区间真实住房价格指数
（以月为单位，1987 年 1 月至 2008 年 3 月）

资料来源：由本书作者根据 www.homeprice.standard and poors.com 和 www.bls.gov 网站提供的数据进行计算

经过最低价格区间，市场在最近的繁荣中表现出了最大的涨幅，并且一直持续到 2006 年，之后出现了最大的跌幅。同样的现象可以在其他很多城市中观察到。对于导致这种价格区间差异的原因，我们目前了解得还不是非常透彻，但是次级抵押贷款现象是一个可以用来对此进行解释的很好的理由。住房价格急剧上涨的原因是自 2001 年起出现的次级抵押贷款规模的快速膨胀，这些快速增加的贷款被提供给了那些低收入购房者，并用于资助他们购买低价住房和其他相关的投资工具。2006 年的繁荣期见顶后，低价住房价格的较快下跌与该市场出现还款拖欠和丧失抵押物赎回权的问题也是同步的。

然而，就算不同价格区间市场的价格走势确实有差异，我们仍然看到所有价格区间市场的价格总体走势基本上是一致的。在低价房、中价房和高价房市场都出现过繁荣，现在，繁荣正开始在这些市场中出现分化。

我们可以将跨城市价格走势研究推广到跨国走势的研究上。图 1-4 显示的是伦敦和波士顿的真实住房价格比较。尽管两座城市分别坐落于大西洋的两岸，但两座城市总体的相似性相当惊人。差异当然也是存在的，但在总体的模式上确实非常接近。两座城市都在 20 世纪 80 年代经历过繁荣，也都在 20 世纪 90 年代见证过衰退，同时还在 21 世纪早期体验过住房价格的快速攀升。根据最新的数据显示，两座城市的住房价格现在又都出现了急剧下降。

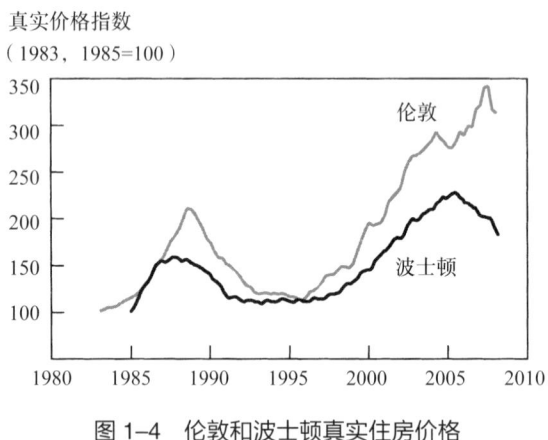

图 1-4 伦敦和波士顿真实住房价格

伦敦 1983 年第一季度至 2008 年第一季度的季度住房价格的计算是用哈里法克斯住房价格指数除以英国零售价格指数。美国 1983 年 1 月至 2008 年 3 月的月度价格的计算是用标准普尔/凯斯–席勒住房价格指数除以消费者价格指数

通过对21世纪早期跨城市、跨价格区间、跨国家的普遍深入的研究，我们发现，这个市场中有一种广泛而普遍存在的力量正在发挥作用。我们现在还无法具体对这些市场中的某一个市场的泡沫成因做出清楚的解释。我将在下一章说明，能在如此众多的地方引起这些非同一般的价格变化的一个根本性原因与市场的心理传染有关——由于滋生这种传染的故事本身所具有的全球化性质，使我们现在根本无法看到这种传染的影响可能波及的范围有多大。

第二章

泡沫的困扰与非理性繁荣

让我们再回顾一下图1-1，上面有自1890年以来的住房价格。从20世纪90年代以来到底发生了什么事情，居然能使住房价格出现如此强烈的上涨？

数据表明，繁荣期间的建筑成本、人口数量及长期利率没有出现过任何根本性的变化。那么，促使住房价格上涨的原因到底是什么？

不管原因是什么，我们现在可以肯定的一点是，美国的领导者们对此都视而不见，尤其是对美国存在的问题视而不见。产生这种情况的主要原因是我们对资本主义体制的优越性过于自信，这种自信有时候几乎接近宗教狂热的程度。在这次住房市场繁荣期间，我们的大多数机构总是很轻率地否认那些有可能存在的问题。艾伦·格林斯潘在他2007年出版的《格林斯潘回忆录》一书中重述了他过去经常挂在嘴边的有关住房市场繁荣的一段话："我想告诉大家，我们面临的不是泡，只是沫——大量细小的沫子，这种沫子不可能膨胀到对我们整个经济体的健康产生威胁的那种程度。"

事实上，布什总统就算是在住房市场问题正在发生的那段时间，也从来没有在他的公开讲话中提到住房市场问题。他喜欢提的都是些成功的事例。2005年，在一次每周例行的对全国听众发表的广播讲话中，他自豪地夸耀道："住房抵押贷款的利率很低，而且在过去的一年中，美国的住房自有率达到了创纪录的水平。"

2005年，担任美国总统经济顾问委员会主席的本·伯南克说："在过去的两年中，住房价格上涨了近25%。尽管在某些领域投机活动有所抬头，但从全国范围来看，这些价格的增长主要反映了美国强大的经济基本面，包括就业及收入的强劲增长、极低的住房抵押贷款利率、稳定的住房构成比例，以及某些地区对住房供应过快增长的限制。"

这些人当然也注意到了泡沫存在的可能性。事实上，格林斯潘很早就已经在思考这个问题。1996年12月3日，就在格林斯潘发表著名的"非理性繁荣"讲话前两天，我和我的同事约翰·Y.坎贝尔以及其他一些人一起被叫到美国联邦储备局董事会上做证。他很认真地听完了我们的讲话。后来，他在自传里披露，他当时思想上也在对泡沫的说法进行着斗争。但他当时的结论与大多数人的想法一样——泡沫还没有大到必须对政策进行调整的程度。

有些问题开始显现了（在20世纪90年代的股票市场泡沫和紧随其后的房地产泡沫里），但当时这些领导人发现，要想对这些问题做深入的了解难度非常大，因为事情正处于发展的过程当中。因此，我们现在有必要挑战一下自己，尝试拨开当时的层层迷雾，看看真相到底是什么。

第二章 泡沫的困扰与非理性繁荣

观念的传染

由于每一个历史事件都是多种因素综合在一起后共同作用产生的结果，我深信，正如我在《非理性繁荣》一书里提到的，能解释本次或者其他任何一次引发投机性繁荣最关键的因素，就是繁荣观念的社会传染，而繁荣观念通常都产生于对价格快速上涨的常规性观察之中。这种社会传染将不断提高的可信度注入故事——我称这些故事为"新纪元"故事——表面来看，这些故事反复地证明了繁荣将持续发展下去的这种观念。观念社会传染的运作机制很难被真正发现，因为我们无法直接观察到传染，而且它的深层次原因也很容易被忽视。

有些观察家似乎从意识形态上反对思维方式的传染在群体思维中占据一定位置的说法。事实上，人们一般都认为世界是由卓越的伟人领导的，这些伟大的人物总是拥有无与伦比的智慧。自20世纪90年代末期的泡沫时代开始，与这种情况类似的知识分子所特有的傲慢就已经开始显现对世界经济越来越大的影响。

艾伦·格林斯潘在2008年3月《金融时报》的一篇社评中承认——此时距离经济泡沫的结束已经有一段时间——确实曾经出现"虚幻的快感"和"投机的高烧"。但是，他又写道："根本的问题是我们的那些模型，包括风险模型和经济模型，虽然变得越来越复杂，但仍然太过简单，以致无法抓住真正驱动全球经济的决定性变量的完整变化。一个能满足需要的模型，应该是从真实世界中的完整细节里提炼出来的模型。"

至此，格林斯潘终于承认泡沫存在这个明白无误的事实，但是他似乎根本不认同这样的观点，那就是影响人们思想的因素从本质上说，大部分仅仅是单纯的社会因素。他认同的观点是，对具体行为进行分析的经济学数学模型是我们可以用来认识世界的唯一工具，同时，这些模型仅受制于我们所掌握的资料的数量和性质，以及我们本身所具备的处理复杂问题的能力。对于心理学和社会学领域的研究方法，他似乎并不太愿意接受。

对泡沫所表现出来的冷漠反映了（至少是部分反映了）格林斯潘在意识形态方面与其过去的导师哲学家艾茵·兰德一脉相承。兰德很理想化地描述了个人力量、独立精神、英勇行为和英雄似的"经济人"的超凡能力。但是，现在的社会越来越倾向于把个人的自尊建立在通过个人奋斗获取经济成功的信念上，这样的观点在市场上的接受程度已经远远超过对艾茵·兰德的观点的认同。

很多经济学家和经济评论员似乎一直不愿意正视这样一个事实：观念传染一贯是人类社会发展过程中的关键因素。正如在不同的地区间存在观念差异的情况一样（不同的地理区划范围内对政治党派的支持度不一致就是一个很好的例子），观念在不同的时间段也会存在差异。当新的观念在大众思想中取得优势，并因此使旧观念的社会价值开始下降的时候，时代潮也就会随之改变。投机市场就是一个观察时代思潮起伏的绝佳场所。

了解这类社会传染与了解传染病具有很多相似之处。传染病往往会很突然地出现，它对时间的选择总是让专家们措手不及。但是，人们现在已经设计了一套数学理论，这套数学理论可以帮助医疗管理部门更好地了解这些神秘事件的发生规律。

每种疾病都有传染率（从一个人向另一个人传染的比率）和清除率

（个体从疾病中恢复或死于疾病，因此不会再发生传染的比率）。如果传染率超过清除率达到某一个必要的数值，我们就认为疫情暴发了。传染率的变化受制于很多因素，例如，流行感冒的传染率在冬季就比较高，因为较低的温度会使病毒在传染者打喷嚏后通过飞沫在空气中传播。

在经济环境和社会环境中，情况也是大同小异。由于乐观的看法在市场蔓延，有些因素迟早会持续推高传染率，使传染率超出清除率并达到足够的数值引起疫情暴发。一般情况下会出现这样的情况——支持某种观点的公众舆论被不断放大，紧接着，传染呈螺旋上升，并随即失去控制。表面来看，几乎每个人都会认为——如果他们切实注意到某些经济观点很明显更占优势——那些曝光率越来越高的观点仅仅是由于它们本身纯粹的学术价值。人们的这种想法主要是因为产生了观点的社会传染，至少在大学的心理学系以外的地方情况基本如此。

在最近房地产市场投机繁荣的过程中，那些对市场持非常乐观看法的人很受追捧。在我和卡尔·凯斯于2005年共同进行的一项调查中，我们发现当市场进入繁荣期时，旧金山地区的购房者中对接下来10年间价格增长期望值的中间值是每年9%，价格增长期望值的平均值是每年14%。大约有1/3的受访者反馈的是相当高的期望值——有部分人的期望值甚至超过每年50%。他们的这种期望到底是建立在什么基础之上的呢？我们认为是由于他们看到了市场上价格的急剧上涨，还听到了别人渲染的类似价格大涨的故事。从这里，我们看到了一种转述性的传染，或者说看到了一种期望形成的方式。

在投机泡沫产生的过程中，对于市场上所出现的问题主要还是通过市场交易进行调整，这些调整的过程引起了很多人的关注，而进行具体的调整时所参照的是当时市场上人们能看到的价格和那些被新闻媒体放大了的价格。我们所说的"放大"在这种现实的背景下应该怎么理解呢？媒体围绕价格走势编织了很多故事，当走势总是向上的时候，媒体一窝蜂地用特别的关注和更多的细节粉饰和推动关于"新纪元"的种种故事。这时，反馈回路出现了：价格上涨增加了"新纪元"故事的可信度，加快了那些故事的传染速度，并因此推动价格进一步上涨。在每一次投机泡沫形成的过程中，价格—故事—价格的回路一而再，再而三地循环往复。

反馈回路同时也会采用价格—经济活动—价格的形式。投机价格上涨促使经济充满乐观的气氛，因此推动更多的消费，带来更快的经济增长速度，于是又产生了更多的乐观气氛，价格又被进一步推高。对于绝大多数普通人来说，没能够看清楚催生出巨大投机泡沫的经济繁荣的本质是完全可以原谅的，从本质上来看，这种繁荣的原因在于泡沫本身，而不是经济基本面。

在某些情况下，对投机泡沫产生过程中的传染和反作用的解释可能表现出了相当程度的理性，"理性的泡沫"也许因此成为这个故事的一部分。有相当数量的经济理论研究人员都对这种泡沫产生方式的可能性进行过探讨。

理性泡沫理论的基本观点是，人们可能已经通过观察其他人的行为解读了其他人拥有的信息。他们不能对其他人拥有的信息直接做出反应，因为他们无法看透其他人的思想。但他们可以将自己的决策建立在其他人行动的基础上（比如当他们推高投机价格的时候），而且他们这样的解读是完全理性的，因为在这种情况下反映的是关于经济基本面的有效信息。

问题是，我们总是会使自己置身于这样一种环境——在这种环境里，人们总是会产生过度乐观（或者过度悲观）的心态，因为他们虽然是理性的，但对其他人所拥有的信息可能会做出错误的判断。借用经济学家苏希尔·比坎达尼、戴维·赫尔什雷菲和艾沃·威尔奇的说法，投机泡沫有可能由"信息串流"引发。有时，处于同一团体的人会忽略他们自己独立搜集到的信息（这种方式下搜集到的信息可能会从另一方面鼓励他们不人云亦云或者盲从其他的大众信仰），因为他们朴素地认为通常其他人不会犯错误，在这种情况下，信息串流就出现了。当他们忽略了自己独立获得的信息，反而把行动建立在自己感知到的大众信息的基础上时，他们就压制了自己的信息，因而这些信息就不会被贡献到团体里，也就不可能对下一步的集体判断发挥任何作用。久而久之，团体信息的质量就下降了。

心理学、流行病学及经济学理论都认为，如果环境对投机资产的反馈非常狂热，或者这个环境下价格的增长对价格进一步的增长有很大的推动作用，那么随着时间的推移，它将会催生投机泡沫。这些理论已经说得很清楚，这些泡沫有着非常复杂的——有时是随机而且无法预测的成长机理。

泡沫的其他成因

我刚才所说的对泡沫的解释不是人们通常所看到的说法。在说到房地产市场繁荣的因素时，被广泛引用的往往是其他的说法。我在这里想指出，在很大程度上，这些所谓的其他成因，本身有充分的理由被看作由泡沫产生的结果，而不是引发泡沫的外生性因素。

美国联邦储备局在2003年年中，将它的主要利率——联邦基金利率降低到1%，并一直保持到2004年年中，总体来看，这是房屋价格涨得最快的时期。另外，真实的联邦基金利率（考虑通货膨胀因素后）从2002年10月到2005年4月连续31个月是负值，这是房价增长最快的另一个时间段。自1950年以来，能与这次相比的低利率区间出现在1974年9月到1977年9月，总共37个月的时间。然而，我们不应该把这段时期宽松的货币政策看作引发泡沫的外生性因素，因为制定货币政策——无论是美联储还是世界上其他国家的中央银行的根本目的是应对20世纪90年代股票市场泡沫破裂后出现的经济问题，而房地产的繁荣是房地产本身为应对股票市场的泡沫，以其自身特有的形式表现出来的反弹。

如果艾伦·格林斯潘以及其他与货币政策有关的人士能早一点意识到我们将经历一场房地产泡沫的破裂，他们或许就不会实行这种宽松的货币政策。因此，对货币政策引发泡沫的机制缺乏了解，这至少在部分程度上对这种宽松货币政策起到了推波助澜的作用。美联储的注意力被过多地引向了防止衰退和通货紧缩上，因为它真切地看到，在它采取了这么多滋生泡沫的货币政策的情况下，住房价格仍有非常不确定的上涨的后劲，即使是按减慢下来的幅度计算。

我们无法用降息解释房地产市场这9年总体连续上涨的情况。在整个低利率期间，住房市场的繁荣期总共出现过三次，当美联储于1999年开始加息后，住房市场的繁荣开始加速。而且，2001—2003年，长期利率——这种对采用固定利率的常规按揭起着决定性作用的利率——对这些降息措施并没有以任何有实质意义的方式做出回应。

宽松货币政策的影响被2000年以后大量发行的可调利率住房抵押贷款放大了，而这些住房抵押贷款的发行主要是针对次级抵押贷款借款人。对于美联储推出的降息措施，这些可调利率按揭贷款反应得远比固定利率按揭贷款更迅速。所以，降低利率的措施或许是在价格上涨最快的时候，也就是大约在2004年，产生了促进繁荣的效果，其作用之大可能远远超出人们的想象。

可调利率住房抵押贷款非常普遍，因为那些深受泡沫思维影响的人以及期望尽可能深入地介入房地产投资领域的人，都非常急切地需要得到这种贷款，而应付利息可能马上就会增加的这点小问题根本无法影响他们的热情。他们期盼的是快速增长的住房价格可以让他们获得更高的补偿，而且他们相信，越来越高的住房价格将让他们有可能以较低的利息融到资金。次级抵押贷款借款人希望得到可调利率住房抵押贷款有以下两个原因，一是他们在这方面的历练还欠相当的火候，二是被无论如何也要在住房市场上获得住房这种单纯的想法吸引。

按更灵活的标准发放贷款的这种需求得到了放款人的积极响应，因为他们本身（以及向他们投资购买这些住房抵押贷款的投资人）也都非常相信泡沫不会破裂。这就是房地产价格突飞猛进的时间段，无凭据贷款变得司空见惯的时间段，以及可调利率贷款产品和其他存在问题的新型住房抵押贷款类型产品层出不穷的时间段，基本上都吻合的原因。

另外，对债券化的住房抵押贷款进行审查的评级机构仍然对事实上风险很高的按抵押债券给予AAA评级，因为它们也相信泡沫不可能破裂的神话。就算对繁荣的前景心存疑虑，它们也不会基于住房价格确实会下降这种并不被广泛认同的理论上的说法，而把债券化的住房抵押贷款产品的评级调低。如果真要调低评级，决策者需要具有非凡的勇气。事实上，难啃的骨头往往会被很随意地放到一边，因为人们总是对比较容易的事情先做出安排，只有等到迫在眉睫的时候，才发现最好的时机都已丧失。

另一个经常作为住房市场泡沫产生的原因而被提及的因素，是管理控制贷款这匹脱缰野马的监管机构的缺位。自从1980年《存款机构放松管制和货币控制法案》有效地终止了美国的高利贷管制法规后，住房抵押贷款发起人有可能通过设定一个足够高的利率冲抵合理范围内的拖欠，进而通过次级抵押贷款获取盈利，因此这个领域现在急需扩大法规监管的覆盖范围，但是一直到现在也没有见到重新修订的法规。而在20世纪90年代到21世纪初期的这个时间段内，一个非银行按揭发起人的"影子银行体系"已经建立起来，并且发展得很快，但直到现在，也没有人为它制定类似银行监管法规那样的规章制度。

监管机构在工作中没有紧迫感最终必将导致它们判断力的丧失，使它们根本无法相信居然会出现这么一场范围如此之广的住房市场危机。

当我于2005年住房市场泡沫接近顶峰的时候在美国货币监理署和联邦存款保险公司这两家美国最主要的银行监管机构演讲时，我发现那里的工作人员对怎样看待信贷市场的繁荣有着不同的意见。我呼吁他们立即采取行动，制止过度的按揭放款，因为它正在培育一个不可持续的泡沫。而我得到的答复是，他们知道或许应该这样做，而且有一些人确实觉得必须这样做，但这需要时间以及内部的充分协商，以期大家能取得共识。我觉得他们中的大多数人认为，我提出的泡沫有可能破裂的观点只是一种很极端的情况，而对这种极端的情况是否真的会出现，他们持保留态度。

2006年10月，在参加一个由耶鲁投资俱乐部主办的专题研讨会时，我与房地美的首席经济学家弗朗克·诺沙夫特对话。房地美是一家主要的住房按揭债券化机构。当时，我曾经问他房地美是否进行过房价下跌对自己可能产生多大影响的压力测试，他回答说做了，他们甚至已经考虑全国房价下跌13.4%可能发生的情况。我又问道："下降幅度超过这个规模时又该怎么办呢？"他回答说，这样的跌幅从来都没有出现过，至少是大萧条以来从来就没有出现过。

20世纪80年代在住房价格高涨后出现的住房市场崩溃期间，美国政府通过了《联邦政府住房企业财务安全与稳固法案》，并相应成立了联邦住房企业监管办公室，监管那些由政府主办的企业（比如房地美和房利美）可能面临的经营风险。该法案规定，联邦住房企业监管办公室的一个主要目标，就是防止出现金融流动性不足的可能性。联邦住房企业监管办公室今天依然与我们同在，对那些可能存在的系统性风险进行监管。《联邦政府住房企业财务安全与稳固法案》要求联邦住房企业监管办公室模拟可能出现相反利率及信贷危机的情境，进行必要的压力测试，联邦住房企业监管办公室也按这个要求做了相应的工作。

然而，在联邦住房企业监管办公室截至2007年的历年的年度报告中，它从来没有表述过其对住房市场繁荣有怎样的认识，更不用说表述其对这种风险的心理学本源上的认识。而现在，住房市场的过度繁荣已经被确认是造成这场风险的主要原因。从这一点来看，这些监管机构对风险好像都视而不见，放任房地美和房利美继续支持房地产市场的过度繁荣。

从根本上说，一个能让所有这些因素一起催生泡沫的重要原因，就是负责市场监管的那些人也同普通百姓一样被对未来房价增长的高预期蛊惑。在很多情况下，他们本不应该如此狂热地轻信住房市场的繁荣，但他们最终还是接受了"结果不会太糟糕"的说法，而且这个说法早已经得到大家的认可。

惊慌失措与流动性不足

相关机构根本就没有预测到会出现这么多高成本的违约，这一点可以从次级抵押贷款市场崩塌后整个市场一片混乱，很多人都表现得惊慌失措的情形中找到证据。例如，2007年底，多家银行请求能否不受《财务会计准则114》要求的限制。这份由财务会计准则委员会制定的规则要求银行根据未来现金流的净现值报告呆账，也就是所谓的不良贷款。这是努力规范此类债务的一种尝试，目的是使这类债务在规定的报表中很难再被掩盖。这些银行对自己提出这个要求的解释，是它们还不具备处理如此规模的不良贷款的结构调整能力。而之所以不具备这种能力，是因为它们根本就没有想到危机可能来临。

这样措手不及的情形，在我们已经亲历的横贯全球的金融流动性的不足中表现得淋漓尽致。

导致这种局面出现的信贷标准的降低，成为投机泡沫破裂的先兆。在过分乐观的氛围下，人们更愿意关注强劲的经济基本面，而不会考虑怎样在可能会出现的泡沫破裂所带来的巨大风险中保护自己，而且他们认为这种最终出现大规模泡沫破裂的可能性离他们似乎还相当遥远。

思维方式的变化

"投资住房是一个非常好的想法"这种20世纪90年代后流行的新思维滋养了泡沫。也许有人会觉得奇怪：为什么这种情况偏偏会发生在这个时候？为什么这种想法之前没有在全国范围或者国际范围引起广泛关注？是什么使得泡沫思维在2000年以后特别具有传染性？

其实，并不是人们在2000年以前对投机没有兴趣，根本就不是这么回事。事实上，土地投机是一个众所周知的现象，可以追溯到非常久远的过去。

历史学家阿隆·萨库尔斯基在他于1932年出版的《巨大的美国土地泡沫：从殖民地时期到现在的土地掠夺、投机及繁荣》一书中认为，投机的氛围可以追溯到美国历史开始的时点。书的开篇就说："美国，从其诞生伊始，本身就是一场投机。"萨库尔斯基在书中说，18世纪时，整个社会就达成了一个共识，美国最终会通过大规模的移民尽可能地提高人口密度。土地投机者从17世纪后期开始，陆续以相当低廉的价格购买了大量的土地，希望在很多年后卖给移民过来的人，使他们的资产成倍或者成三倍以上增长。投机狂潮开始涌现，土地的价格有时候会出现非常明显的人为炒作，因此有时候也会出现价格暴跌，最终导致投机者破产。事实上，土地的"高烧"也传染了某些上层人士。按照萨库尔斯基的说法，早期美国人中最负盛名的乔治·华盛顿也是一名土地投机者。

赫梅尔·霍伊特在他于1933年出版的《芝加哥土地价值百年史：芝加哥的成长与土地价格上涨的关系，1830—1933》一书中，向我们描绘了芝加哥土地价值投机的类似场景。但是，和萨库尔斯基一样，霍伊特谈论的是关于土地的投机（选取的是芝加哥都市区的地块和街区），而不是关于个人住房拥有者期望通过购买住房赚取利润。

这两本有关地产投机的经典文献都出现在20世纪30年代巨大的房地产危机的顶峰时期，这当然并不是因为巧合，而是因为当时公众对地产投机充满浓厚的兴趣。我们已经进入一个对地产投机的高度关注期，有关住房市场投机的新书也是层出不穷。对加速了泡沫思维社会传染的房地产市场的这种关注，看起来似乎与20世纪90年代股票市场繁荣的后续影响有内在联系。

这种繁荣与人们期望改变自己在经济生活中的地位有关。这种观点认为，我们应该期望我们的投资获得巨额回报。这种变化远远超越了具体的投资战略范畴，已经涉及支撑自我的自尊机制的改变。那种长期以来一直作为国家精神基础的清教徒工作伦理观，被彻底改变。从一个大的层面来看，我们不再敬重那些只会埋头苦干的人。因为要想获得别人由衷的尊重，你必须是一个精明的投资者。

20世纪90年代以来，那些最具影响力的人也被越来越多地看作精明的投资者。我们开始相信印度、巴西以及其他发展中国家经济体正在产生一个巨大的新的富豪阶层，这些人将会推高房地产以及其他供给有限的资产。确实，这些国家在发展，这一点我们并没有看错，我们的错误是夸大了这些新兴市场在当今房地产市场上具有的影响力。

与早期的泡沫相比，现在的泡沫的特点是，"新纪元"故事成为推高所有地块价格的动力之一。历史上其他时期的地产泡沫相对都比较本地化，人们能见到的对泡沫的解释不会被归纳总结并应用到对世界其他地区地产市场的分析上。

佛罗里达在1925年达到顶峰的那次土地泡沫，是20世纪上半叶出现的最大的地产泡沫。这个泡沫明显地扩展到了佛罗里达以外的地方，但它对美国的城市住房价格只产生了相对较小的影响。从1921年到泡沫高峰的1925年，美国的真实住房价格仅上涨了19%。之后，这个故事发展得非常完美：由于汽车的普及，佛罗里达逐渐被人们认识，因而摘掉了地处偏僻地区的帽子，所有土地也被一抢而光。但同样的故事从未能幸运地波及辛辛那提和多伦多，去证明那里房地产市场繁荣的合理性。

本地化住房市场的繁荣肯定在很久以前就出现过，甚至在牛仔和印第安人游荡在美国西部的那些充满传奇色彩的日子里，就已经出现住房市场的繁荣。那么，当美国西部还属于边境地区而且土地资源又非常丰富的时候，又怎么可能会出现住房市场的繁荣呢？让人意想不到的是，这种情况确实发生了——在南加利福尼亚，当时人们从美国四面八方聚集到那儿参与住房投机。而且说来也巧，当时同样也有一个关于加利福尼亚的故事证明泡沫的合理性，但这也是一个没能发生在其他州的故事。

加利福尼亚的地产泡沫出现于19世纪80年代，1887年达到顶峰，1888年泡沫破裂。泡沫生长期间，整个美国的报纸长篇累牍都是关于它的报道，无数文章不断赞美加利福尼亚宜人的气候、美丽的景色以及加利福尼亚人的生活方式。

另外，当时也有很多人认为加利福尼亚的这种繁荣并不合理。一篇 1887 年 12 月 26 日发表在《洛杉矶时报》上题为"南方的繁荣"的文章，以一名记者的视角记述道：

> 在洛杉矶——这个繁荣正在眷顾的真正的家园——当你到达旅馆后，会被告知他们能给你提供餐饮，但是没有床位。你苦闷，你挠头，你祈祷其他那些傻瓜不要跟你在同一天到达城里。你只好动身到另一家旅馆去碰运气，而且最终找到了一张设在大厅里的加床，这已经让你非常满足。
>
> 早晨起来你开始观光，在你到达的第一个街区就会看到在建的大楼，并且随着你的旅程的延续，你看到的会更多。那首老歌总是在你的脑海里萦绕："我的眼睛看到了主的荣耀。"你十分自然地想用"我的眼睛看到了繁荣的奇妙"来替代。你可以在洛杉矶周游数天，但你不可能把它看遍。所有想要描述它的全貌的企图都是徒劳的。要想数清楚现在在建的新大楼的数量，就像想要数清楚天上的星星一样，是不可能的。
>
> "这是怎么回事啊？"你问。我们回答："繁荣。""那么，什么是繁荣呢？"你再问。我们将同样的询问抛向了生活中各个领域的几十个人，但没有一个人能给我们一个答案。有人告诉我们这是这个国家前所未有的金融及经济现象。我们问这种现象是否可以持续，得到的回答是，正如它不请自来一样，也有可能不辞而别。

文章中的这段对话与我们在 21 世纪听到的如此相似，我们对价格飞涨引起的建筑潮也同样惊奇，对引发这种情况的原因也同样困惑。

从这些发表在 19 世纪 80 年代繁荣时期的美国各地报纸上的文章来看，当时的繁荣感觉上是全国性的，因为美国各地几乎每个人都在谈论这件事，而且来自其他州的许多人都涌入南加利福尼亚并参与其中。但没有任何证据表明出现过全国性事件，人们也不会认为这种繁荣会传递到他们的城市。与这次繁荣有关的文章总是强调这是加利福尼亚的繁荣，对该地区罕见美景和宜人气候的追捧也推动了这次繁荣。

疑惑仍然没有被完全消除。加利福尼亚是一个广大的地区，大部分地区的气候十分宜人，而且在 19 世纪 80 年代，还存在相当数量的可以用来建造住房的农场和尚未开发的土地资源。但令很多人疑惑不解的是，只有加利福尼亚的城市成为独一无二令人神往的地方，因此也让那里的房子拥有了独特的价值，而且这种价值还一直保持到现在。

他们将怎样证明在 19 世纪 80 年代，花如此高的价钱在那里买下一栋房子的合理性？因为就在距离他们房子不远的地方，他们花同样的钱，可以买到一处很大的农场。从某些方面看，他们的选择当然是正确的：南加利福尼亚城市区今天的地位仍然非常重要——这些地区扮演着社交、文化和经济活动中心区的角色。如果要说当时他们有什么没想到，那只是他们没想到 19 世纪 80 年代以后的住房价格竟然如此之高，上涨速度如此之快。人们把价格突然上涨的原因归于在美国非常意外地发现了像他处加利福尼亚的这些城市的重要地位，而没有将此归结到繁荣的心理影响方面。正如我们看到的，确实有一些人好像也知道繁荣的心理学反应，有些人甚至还以此为题为报纸写了文章。但更多的人并不清楚这一点，而且他们本身也没有足够的智慧对人性的本质做出判断，甚至没能意识到他们其实已经被卷入一个非常特别的市场心理旋涡。这里所说的"他们"就是指那些购买房产，推动繁荣的人。

每一场繁荣都需要一个故事——一个能让人深信不疑的故事，一个能说明价格的上涨是合理的而不是暂时失常的故事。当然，推动市场繁荣所需的时间那么长，也不是所有人都对这样的故事一直深信不疑。

这种对泡沫真实属性理解上出现的缺失，根本不可能让人们对所接收的信息做出理性的反应，因为芸芸众生在当时的情形下正自我陶醉于观念传染的心情故事之中。这个用来证明泡沫合理性，而且对某些人来说听起来似懂非懂的故事被慢慢地扩散，通过观念传染向四处传播。

泡沫期间的公众思想

20世纪90年代以来到底发生了什么变化，使我们好像突然在众多不同地方的住房市场上都热切地盼望投机者的到来？要想回答这个问题，我们需要回过头研究那些催生这些泡沫的势力。为什么17世纪30年代的荷兰会出现郁金香狂潮——脱离我们的群体意识后，为什么对郁金香的投机热情还会一直持续不断？

我在《非理性繁荣》一书里对这个问题进行了一定程度的分析，特别是在第2版里，因此我在这里只简单地给出一些基本观点。对于鼓励住房市场泡沫思维的那一大堆让人耳熟能详的观点和看法，我们确实有一些认识，然而，想要把它们完全理清楚又存在相当大的难度。一个原因是，我们在这次严重的住房泡沫过程中正在经历的"新纪元"故事，在某种程度上把土地的价值和住房的价值捆绑在了一起。这个捆绑过程从某些方面看，就是泡沫本身导致的后果。过去，在比较有代表性的城市里，构成住房基础的土地基本上只占整座房子价格的 15% 左右。因此，人们把他们的房子看作可折旧的工业产品，就像汽车、游艇一样，需要大量的维护费用，直到最终消亡为止。但是现在，土地价值（我们的定义是住房的价格减去建筑物的估算成本）基本占住房价值的 50% 以上，因此我们开始把住房当成土地看待。由于住房是我们每天都要看见的东西，因此，在一个新泡沫形成的过程中，伴随着把住房描绘成每个人都可以尝试的最好的投资项目这个说法，它的传染率很高就是再自然不过的事了。

我们现在还在犯的一个错误，就是把已经人为抬高的土地价值作为下一个新均衡的参照。在未来，建房很自然地会有这么一个过程：在寻找一种节省土地的建房方法的同时，也会寻找比较便宜的土地建房。这个目标可以通过提高建筑密度，比如建造更高的公寓楼或者采取在都市中心区见缝插针的办法来解决，当然还可以通过建设新的都市区来解决，但这些想法比一般住房买家的想法超前了三个阶段。

实际上，我们还拥有大量便宜的土地可供利用。但是现在正在影响我们的所谓的新思维是，城市中的土地从某种程度来看，与所有其他地方的土地存在很大的差异，就算从长远来看，我们也不可能用那些便宜的土地替换这些昂贵的都市土地，这就足以使我们对未来土地价格的预期非常高。这个观点在我们的泡沫思维中占据相当重要的位置，因此在下一章，我将用相当长的篇幅对此展开讨论。

住房价格的可预测性

要理清最近住房价格的泡沫，就很有必要反思一下我们预测的高得让人难以置信的住房价格水平。住房市场与股票市场是完全不同的两个市场，因为股票价格更像是一种"随机游走"方式。在股票市场上，价格可能头一天上涨，第二天下跌，走势图上看不出很明显的相关性。但在住房市场，似乎年复一年都是同样的走向。从1997年到2006年，美国的住房价格每年都在上涨。从1991年到2005年的14年中，住房价格的上涨率在大多数年份都以一个基本相似的增长率增长，也就是说，住房价格以一定的增长率连续上涨了14年。

泡沫思维认为这种价格上涨趋势会一直持续下去。在股票市场，这种思维是非常不理性的，因为股票市场的价格趋势根本不可能总保持一致。但很奇怪的是，对住房市场来说，大家似乎都认为价格一直上涨很合理，至少当市场处于繁荣的高点时是这样。回顾一下上一章中的任何一张图，人们会吃惊地发现在最近几十年，要想预测住房市场的走向简直太容易了。

我与卡尔·凯斯于1989年为《美国经济评论》写的一篇文章，论证了住房价格的这种可预测性。那篇文章真正的创新是我们提出了重复出售住房价格指数，它第一次揭示了住房价格真实的运行规律。我的学生艾伦·魏斯想把这个指数实际应用起来，因此我们于1991年创建了凯斯·席勒·魏斯公司，由魏斯主导并推出这种指数。2002年，我们把公司卖给了费哲金融服务公司。这种指数在经过标准普尔公司的深度开发后，现在由标准普尔公司对外发布。

大家在那个时候通常所说的住房价格指数，只是由全国房地产经纪人协会发布的简单的住房价格中间价，而且这个价格指数失真得非常厉害，因为每个月的销售情况汇总后马上就会出现非常大的变化。大型或高质量的房子会集中在某个月卖出，小型或品质较差的房子的销售又会集中在另一个月。因此，把它们集中在一起，看上去就会非常杂乱，跟股票市场价格的表现差不多。当我和凯斯让我们的指数只基于每幢住房价格的变化，并剔除那些噪声时，我们解决了这个混乱的问题，并且发现住房价格在某个时间段的走势极其平稳。

为什么住房价格的预测会如此简单呢？难道人们通常认为的投机价格很难预测的说法错了吗？难道这个价格不应该是（至少是接近）"随机游走"方式？然而，我们的数据分析证实，住房价格确实具有非常高的可预测性。

可是情况怎么会是这样的呢？难道在住房市场繁荣的时候，一个人可以随意买入房产，并在一年或以后出手就能获取高额回报？地产市场赚钱怎么就这么容易呢？

事实上，答案是在过去的繁荣期间，做房地产赚钱确实很容易——只要你了解住房价格形成机制中的几个要素。很显然，由于20世纪90年代公布的住房价格数据相对完善，一些经验丰富的投资人决定在这个正处于繁荣期的市场上赌一把，那些付诸行动而且适时全身而退的人总的来看成功了。要做到适时全身而退实际上也不是什么太难的事。在价格真正开始下跌前，我们已经连续两年给出减速预警。

这个明摆着的赢利机会是引发泡沫的重要原因，它促使泡沫得以持续不断地连续产生。事实上，人们一直认为他们可以通过购买住房赚取巨额财富，因为他们已经年复一年地看到别人这样成功了。

那么为什么又会有如此多的人被泡沫困住？原因是他们忘了一个简单的道理，那就是泡沫在短期内可以托着你前行，但你必须在市场方向出现逆转前全身而退。然而，他们越来越相信繁荣不会有终点，正如我们在下一章将要看到的情况一样。

第三章

房地产业的神话与现实

现在出现的这些泡沫极大地强化了公众对流传已久的一种神话的信心——这种神话认为，由于人口的不断增长以及经济的持续发展，再加上可供利用的土地资源不断减少，地产价格的总体趋势必定会随着时间的推移而强劲上涨。

20世纪90年代后期以来，人们对我们现有的这些城市的信心正在不断增强——尤其是对我们这些城市所具有的独特性以及它们所处的特殊地位。正如我们在第二章中所看到的，这种信心的强度似乎与下面两种情况有关：一是认为持续成长中的世界经济正在快速变得更富有的看法，二是对简单的人口增长导致高价格这样一种现象的观察。

确实，发达国家的国内生产总值已经以每年大约3%的增长率持续增长了好几十年，而且目前仍然保持一种良好的长期持续发展的势头。发展中国家这段时间国内生产总值的增长率甚至还要更高。这可能从另一方面暗示了真实的住房价格也应该以类似的速度上涨。然而，实际的情况并不是这样，而且将来的情况基本上可以肯定也不会是这样。

国民收入核算账户中花在住房上的个人收入部分在过去几十年相当稳定——收入的增加部分不是用在住房价格的上涨上，而是用在住房消费的增加金额上。

如果大家都能理智地看待这个问题，我们就可以非常清楚地看到，现有城市区域的价值的增加根本就没有表现出任何让投资者变得富有的趋势。如果住房的真实价格在刚过去的那个世纪中能够保持每年增长3%，那么通常情况下，我们不大可能买得起现在这种比过去更好而且更大的房子。但是我们都知道，现在的房子与以前的房子比起来，事实上是越来越大，而且也越来越好了。

根据美国统计局公布的数据，美国居民每户住房平均占地面积从1973年的1525平方英尺[①]增加到2006年的2248平方英尺，增长幅度几乎达到50%。不过，单纯的占地面积只是衡量住房质量的一个方面。

人们可以拿新房子的平均价格与美国统计局自20世纪60年代开始测算的恒定质量住房价格指数进行比较。新房子的平均名义价格指数在1963年到1998年的35年间上升了8.605（我之所以选择最近这次泡沫之前的时间段，是为了避免数据失真），但恒定质量新建住房价格指数（同样由美国统计局测算）仅上升了5.928。这两个指数的比值是1.452，这种情况可以被理解为1998年的新建住房总体上优于1963年的住房。通过这种方式，我们可以推导出新建住房质量增长率为每年1.1%，这在同期2.4%的真实人均收入增长中占据了一个相当大的比重。此外，美

---

① 1平方英尺≈0.09平方米。

国平均家庭人口从 1960 年人口普查时的 3.29 人下降到 1990 年人口普查时的 2.63 人，下降率为每年 0.7%。这些数据表明，我们不仅有能力用增加的收入购买更大的房子，同时还能够拥有更多的房子。除此之外，我们还能用剩下的钱改善其他方面的生活质量，比如更多的旅游、更多的娱乐支出、追求更完善的健康保健。这些都清楚地表明，与我们的收入同步增长的住房价格并没有让我们苦不堪言。

新住宅的建造

经济学家威廉·鲍莫尔提出了一个被后人称为"鲍莫尔模型"的推论：与生产工艺和技术进步关系密切的产品或服务的成本，比那些从其属性看与技术进步关系不太密切的产品或服务的成本，更具有随着时间的推移而下降的趋势。因此，举例来说，教育的成本（指主要依赖传统课堂教学，而不是那些得益于技术进步的方面）比工业产品（其生产工艺可以通过使用新的工具、新的方法和新的材料进行改进）的成本更具有随着时间推移而上涨的趋势。因此，根据鲍莫尔的模型，住房成本（至少是住房价格中与结构有关的部分）应该随着时间的推移而下降。

然而，实际建筑成本在整个 20 世纪并没有表现出这种下降趋势，尽管在 1900 年到 20 世纪 30 年代大萧条期间确实有过这种现象。但是很显然，鲍莫尔模型的实质还是被遵从了：住房价格在 20 世纪 90 年代的泡沫出现前，并没有表现出很强的持续上升趋势。

当然，土地不可能被生产出来，除了迪拜的几处人工岛和其他几处人工的地方，土地的数量几乎是永远固定的。但土地只是住房生产过程中众多投入的一项，如果城市区较高的土地价格推高了住房价格，就会促使开发商为这种稀缺的资源寻找更多的替代资源。

首先，他们可以在城市地区提高建筑密度。由于一些政治势力反对提高建筑密度（特别是现有住房的所有者，他们把这种可能增加的建筑看作对他们已有房屋价值的威胁），因此从长期来看，人们很难相信持提高建筑密度这种想法的那些势力能够最终胜出，尽管有为大众提供住所这种道德层面上的说法的支持，以及开发商为找寻展示他们才华的机遇而坚持不懈的努力。

其次，我们还有大量的土地可供开发。根据美国统计局于 2000 年发布的调查结果，城市地区土地面积只占美国国土总面积的 2.6%。大城市房屋的高价值来自与建筑环境有关的地理位置，而不是只与土地的价值相关，而这种建筑环境完全可以通过规划和协调的努力进行复制。

城市精神与乡土观念

以奇妙的"魔幻城"作为地产投资依据的这种信念背后，总隐藏着一种热爱家乡的感情色彩。很多人似乎都认为自己的城市拥有一种很虚幻的伟大，对这种思想的痴迷甚至到了不健康的程度。

我在土耳其伊兹密尔附近欧兹德尔美丽的海滨度假胜地参加了一个国际投资专家团的室外午餐会，并很荣幸地做了一个发言。当时周边的环境非常质朴，从爱琴海到希腊的萨摩斯岛，景色相当壮观，而萨摩斯岛曾经是数学家毕达哥拉斯和天文学家阿里斯塔克斯生活过的地方。在这样的环境里，我告诉他们，人们常常对自己的故乡表现出一种匪夷所思的忠诚。我向他们举了加利福尼亚人对他们故土的强烈挚爱的例子。我对他们解释说，这些加利福尼亚人对当地宜人的气候和美丽的景色感到非常自豪，他们常说："每个人都会希望在那里生活。"我发现现实中有相当数量的人都有这种倾向，因为他们在我发出的请他们评价自己故乡房地产市场环境的问卷调查表上，都不约而同地写下了类似的内容。

我对这个成员来自各地的代表团提出了一个问题："你真的愿意到加利福尼亚居住吗？"并请愿意的人举手示意，结果没有一个人举手。或许很多生活在土耳其的人对加利福尼亚的美丽动人之处所知甚少，就像加利福尼亚人对土耳其的美丽也并不十分了解一样。这种认为我们自己很独特的理念（心理学家称之为聚光灯效应）使他们对自己城市的特别之处的错误认识被进一步放大。

对自己所属的城市或者州的忠诚听起来是一件好事，或许这也正是那些推广居者有其屋计划的人想达到的目的。但它同时也制造了房地产投机泡沫，而加利福尼亚则成了美国房地产泡沫最严重的州。

这个问题的解决办法就是打开进入高门槛约束的不动产交易市场的方便之门。我们应该让我们的市场更加开放，对此我将在第五章做详细论述。土耳其人——事实上，全世界的人，在下一次泡沫产生期间，将会有强烈的愿望在期货市场上卖空加利福尼亚的不动产，前提是届时市场上有足够的流动性可以让他们进行这样的操作。这样的市场操作会帮助防止类似促成此次次贷危机的盲目定价的情况发生。当然，公开的市场也不可能遏制所有的泡沫，但基本上会形成一种自我约束和自我平衡的机制，预防出现住房价格非常规蓄势等许多我们最近目睹的情形。

建筑成本：神话与现实

在泡沫期间，有很多有关"建筑成本爆炸式上涨"的说法，这种说法与土地资源将要枯竭的说法如出一辙。这种说法给了人们这样一种印象：似乎建筑材料的供给将要枯竭，因此，建筑材料的稀缺性将会使未来的住房更加昂贵。

但这种说法在之前图1-1所给出的实际建筑成本数据中并没有得到证实，尽管有一些成本在泡沫期间确实表现出暴涨的情况，这可能反映了建筑方面确实存在一些瓶颈。比如在住房市场繁荣期间，存在缺乏熟练建筑工人的这种趋势，这种紧张状况一直要到我们培训出更多数量的建筑工人才能得到根本缓解。但是请不要忘记，用以判断住房价格的真实时间段应该是长期的。那么，我们现在的建筑材料真的正在被耗尽吗？

现在建筑居住用房的主要材料是木材、石膏、水泥、玻璃和钢材，这些材料的保有量还可以使用多久，才会在这个世界上消耗殆尽呢？

木材是可再生资源，不可能枯竭。我们主要的商业林场都是按可持续的基本原则进行经营管理的。在木材生产地区，人口的压力一直都不算大。技术进步使木材的使用效率更高，采伐的方式是最优化的砍伐而不是乱砍滥伐，在采伐过程中使用的是极大地减少浪费的数控电锯，另外在建筑施工中还采用不断改进的纤维板，以及其他一系列创新。事实上，全球变暖如果有点儿益处，就是增加了木材的供应，而基因工程的进步更可以大大提高树木的生长速度。

石膏矿作为石膏板和墙板的主要原料，是一种非常普通的矿产。新墨西哥州的白沙国家公园以其一望无际的大量白色石膏沙丘而闻名，在275平方英里①范围内，几乎全是石膏矿藏。尽管这个特殊的矿点已经被保护起来，但仅该处就足以为全世界的建筑业提供数百年的石膏供给。

水泥是用以制作混凝土的主要材料，而生产水泥的主要原料是石灰岩，石灰岩的储量占整个地球所有沉积岩构造的大约10%。

玻璃主要是（有时甚至全是）用石英制造的，而石英是地壳里储量位居第二的普通矿产。

铁是生产钢材的主要原料，它在地表元素储量排行中位居第四。虽然我们确实必须面对这样一个不争的事实：赤铁矿——现在最常用的铁矿石——在很多国家被大量开采，特别是在两次世界大战期间，因此对铁矿石即将枯竭的恐惧在这些地方很有市场。但是同样不争的事实是，我们还有很多其他资源及矿石类型可以利用。另外，铁还可以通过对汽车、桥梁、大型建筑物的结构部件以及轮船和其他废旧物料的回收利用进行再生。

这里提到的这些建筑材料，即使其中的任何一项出现短缺，也可以用其他材料替代。我们完全可以做到不用太多的木材、石膏、混凝土和钢铁，甚至可以用玻璃盖房。在住房的发展历史上，我们曾经使用很多材料盖房，这些材料包括泥土、草皮、干草、竹子、纸张、冰块，甚至长毛猛犸象的牙、骨头和皮革。展望未来，我们一定会找到现在最常用的物料中可能枯竭的材料的替代物。事实上，我们现在能看到一些以前根本想象不到的替代材料，因为技术持续进步的步伐迈得比过去更

---

① 1平方英里≈2.6平方公里。

大了。

当然，住房建筑成本中最大的单项成本是劳动力，对此我们需要再次感谢技术进步所带来的成果——随着制造业劳动生产率大概每年提高2%，这些成本在我们收入中的比重也会出现大幅下降。

另外还有一些担心是能源和水的短缺可能会制约新住宅的建设。但如果情况确实如此，那么我们应该投资能源和淡水，而不是住宅，因为这些领域的定价是独立的。

随着世界的不断发展，我们将不得不面临某些东西的短缺，但很难想象住房在短缺名单中的排名会靠前。人们对住房的需求是寻找一个栖身之所，一个能组建家庭和养育后代的靠近工作场所和学校的地方，一个可以吃饭和睡觉的私密空间。这种需求是针对住房所提供的这些服务的，而不是针对任何单一的资源，比如木材或者混凝土。经济学中一个最基本的常识就是当一种资源变得稀缺时，人们总能找到它的替代物。有如此众多的不同种类可供利用的资源可以作为建筑材料，很难让人相信住房的供给会比其他任何东西更紧缺。

很多人不明白这个基本的经济学常识，正是这种理解的缺乏催生了大量的投机泡沫，也就是说，泡沫的产生正是基于这种认为我们用在住房建设过程中的资源会出现短缺的错误印象。

大规模的城市规划

住房的稀缺价值在于大家感觉到城市中心区的稀缺，但我们完全可以建设很多新的城市中心、城镇和城市。

第三章 房地产业的神话与现实

开始于20世纪80年代的新城市化运动正在试图改变城市扩张的模式,而这种城市扩张模式正是过去半个世纪以来美国和其他国家致力推行的。在这种模式下,众多城市郊区围绕现有的中心城市不断建设起来,而这些郊区缺乏有效的市政管理,摊子铺得很大,因而消耗了大量的土地,住户不得不在变得更糟糕的交通条件下依赖汽车往来于市中心与居住地。

新城市化主张一开始的构思就是建造小镇及毗邻的中心区。最近,一些城市理论学者提出建设崭新的大城市中心区。

例如,克里斯托弗·林纳博格就认为人们对大型的适宜步行的城市中心区,比如小曼哈顿,有巨大的需求。他认为,人们真正需要的是经过精心设计的新的城市综合中心区,而不只是现有的这些城市。有很多人喜欢居住在喧闹的城市,在这里,人类活动的活力极大地刺激了人们的生活。人类属于群居动物,大多数人都更倾向于在精心策划的假期里尝试少有的几次野外经历。

人们很喜欢生活在可以更多地以步行为交通方式的城市,在这里,各种各样的地方都可以在徒步穿越有趣人群的宜人环境后抵达。写到这儿,世界上一些大城市的名字禁不住涌上我的心头,伦敦、纽约、巴黎、东京……所以,最关键的问题是要建造新的城市,而且规模要大。这确实是一个完全可以满足的需求。只要大家坚持不懈且齐心协力,就能满足这个需求。

事实上,对于这样的城市建设,历史上有相当多的先例可循,例如在相对偏远的地区从零开始建设新的首都。始于18世纪90年代华盛顿的建设就是这种方式,到现在,它已经是一个大都会,那里的物业价值也已经相当高。巴西利亚、堪培拉和伊斯兰堡的建设走的也都是同样的路。这些城市市内的高物业价值证明了这样的理论：我们完全可以在现有的拥挤的城市之外建设重要的繁荣的新都市中心区。

我们也有一些私人建设领域的例子，而且这样的例子还在不断增多。例如雷斯顿市镇中心区，它位于华盛顿附近，由罗伯特·E.西蒙规划。他的这项创举始于20世纪60年代。市政中心建成于1990年，在曾经一片荒芜的土地上耸立起了高楼大厦。它完全具备大多数传统城市的特点，而那些传统城市的房地产价格已经很高。房地产的高价格将不断刺激供给，大量像雷斯顿市镇中心区这样的新都市区将会被不断推出，以满足大众的需求。

我们还有一些最新的例子。在新墨西哥州阿布奎基市附近的梅萨·德尔·索，森林城企业集团（Forest City Enterprises）和考文顿资本合伙公司（Covington Capital Partners）合作在25平方英里的未开发土地上规划建设，包括引入将会给这个新城市带来独特特性的工作岗位及各种行业。这个城市最特别的地方是它将成为电影工业之家。它的规划是为所有收入阶层的居民提供住所，避免出现提供服务的人员没有足够的经济实力与他所服务的对象居住在同一座城市这种如今十分常见的现代化后遗症。

在中国，东滩新城正在距上海不远的一座岛上热火朝天地建设。这座新城由一家叫奥雅纳工程顾问公司（Arup Group）的英国公司设计，计划到2050年为50万人提供家园。它将是一个步行城市——按照规划，所有传统的小汽车都将被禁止进入东滩。

我最近在俄罗斯碰到一位参与康斯坦丁诺夫新城建设的经理，康斯坦丁诺夫新城是一座正在建设的紧邻莫斯科的新城市。城市将建在一个

12 平方英里的范围内，其规模大约是梅萨·德尔·索的 1/2。这个城市也是一个经过认真规划的社区。巧的是，它的规划者也打算把它设计成电影工业之家。我碰到的这位俄罗斯经理说他从未听说过梅萨·德尔·索，然而，这两座城市显现了太多的相似之处。全世界的创新精英都在关注城市拥挤的问题，并且都在着手解决这一问题。从根本上看，建造新城市是由于人们对此有非常明确的需求，而现代建造技术的进步又为这种需求的实现提供了可行性，同时，城市设计理论的进步也使得这一切变得顺理成章。

这些新城市建设项目成为对抗住房价格急速增长这一趋势的一个重要组成部分。这并不是说现在深受大多数人喜欢的地区周边不存在土地短缺的问题，从世界历史来看，几个世纪以来，人们总是持续地开发更多的土地，且更深入地利用土地，或者移民到其他地区和其他国家开疆拓土。尤为重要的是，历史上推动国际政治进步的动力来自经济地位不平等引发的仇恨，这种经济地位不平等主要是由拥有财产特权的阶层对其他阶层的残酷剥削而产生的。为了尽可能解决这个问题，历史上多次出现了通过修订与物权有关的法律来推行的土地改革。

事实上，美国的次贷危机本身从某种意义上说，是又一次这种土地改革所导致的结果：美国政府对推进居者有其屋的承诺不断加码，因为居者有其屋是最近几次大选的主要议题之一。20 世纪 90 年代和 21 世纪初出现的通过调整上下限放宽借贷限制的情况，就是这个政策目标的直接后果。更加普遍的情况是为现有的土地拥有者和住房拥有者带来巨大财富的土地开发限制政策，这种政策直接阻碍了新的建筑项目的开工，而且从政治角度上看是很脆弱的，因此，从长期来看它们最终将被推翻。

现在，这些能对一波大的住房价格浪潮起到调节作用的安全阀的前景尚不明朗。通过针对这些困扰主要城市中心区的问题进行的新规划，我们可以建设大量全新的城市中心区，这些地区就算规模上没有老城区那么大，也会在很多方面拥有数不清的那些老城区所不具备的优势。这些新的中心区最终将会与老城区展开面对面的竞争，并抢走很多原本属于老城区的价值，促使这些地区的住房价格降下来。

短期及长期的对策

在这次住房市场泡沫期间有一种奇怪的舆论倾向，认为价格上涨总体上看是好事（其他泡沫也有类似的情况）。当我与新闻记者谈到住房价格有可能下降的观点的时候，常常被骂作"乌鸦嘴"。可是住房价格下降无论从什么方面看，都不应该被看作坏事。如果住房价格下降，相对于我们的收入来说，我们会变得更加富有，更有能力投资新的住房。我们中的大多数人都有子女，甚至是孙子孙女。我们很关心他们，也关心社会上的其他人，我们希望他们将来有能力购买住房。不管怎么说，稀缺不是好消息，低价才是。

那种认为公共政策应该维持地产神话，防止住房价格出现崩溃的观点，是一个彻头彻尾的重大错误。从短期来看，住房价格的突然下跌确实有可能破坏经济，产生令人讨厌的系统性影响。但从长期来看，住房价格的下跌是一件再明白不过的好事。

这种短期－长期悖论使人不禁想起凯恩斯的一个经济学悖论：从短

期来看，我们害怕储蓄率突然上升，因为它可能引发一次衰退，但从长期来看，我们则期望更高的储蓄率，因为我们需要这些资源来保证未来有足够的投资。

因此，我们必须将短期和长期分开来单独进行考虑，而且针对这两者的应对政策也应该有巨大的不同。第四章将集中讨论次贷危机解决方案的短期部分，第五章将提出长期解决方案。

第四章

金融危机下的救市行动

所有针对次贷危机的解决方案，不管是已经在美国尝试的，还是刚刚正式提出来的，实质上全部带有救市的色彩。下面所列的这些措施都有力地证明了这一点：美联储的降息，美联储通过定期标售工具、定期证券借贷工具和一级交易商信用工具向陷入困境的金融机构放款，寄给个人的退税支票，联邦住宅管理局的还款期宽限，房利美和房地美对按揭上限的松动。

现在，让我们先来理清"救市"（bailout）这个词的含义。实际情况是，这个词只是最近才引起大家的重视。所谓的救市，就是由政府或其他组织对那些不负责任的个人或法人实体采取的救助行动，这些个人或法人实体由于不遵守规则或者没有采取合理的预防措施，使自己身陷困境。在英语里，这个词还被用来表示父母给那些正常吃饭时间不愿坐下来好好吃，而在夜深时哭闹着喊肚子饿的小孩子做夜宵这类行为。

通过电脑检索英文报纸，我能找到的用来表达类似"救市"意思的词，最早见于 1950 年，文章的内容是批评在大萧条时期设立向破产企业提供贷款进行救助的重建金融公司的行为。而在此之前，这个词几乎都用来专指飞行员从一架失事的飞机中跳伞逃生的举动。

当然，任何一个政府行为，如果导致之前的合同失效或者合同方的期望落空，都将被大家认为是某种程度的不公平行为。在 19 世纪，对这种情况最常用的表达方式是"破产救济"及"风险和过度交易补贴"。而"救市"这个词的意思更强烈，它在英文里隐含有放弃正在飞行的飞机跳伞的意思。

这个词只是到了最近一段时间才开始被普遍使用，而且在其现代语境里，还含有缺乏公平性和连贯性的意思。救市行动对那些因为自己更具有责任心而没有身陷困境，因而不需要被施以援手的人来说，显然是不公平的。那些遵守纪律，按规定时间安安静静坐到餐桌边吃饭的孩子同样也会感到很不开心。如果政府采取的是财政救市行动，那么最终为救市行动买单的其实还是纳税人。

"救市"这个词在通常情况下似乎还含有存在这样或那样的欺骗的含义。在父母给一个孩子加餐的时候，他们通常都希望那些遵规守纪的孩子不会注意到这个调皮的孩子得到了特殊关照。这个调皮的孩子会找一个牵强的借口解释为什么在吃饭的时候没有好好吃。父母一般都会当着其他孩子的面接受这个明显牵强的借口，为自己的行为寻找理由，并以此让大家相安无事。这种行为模式甚至有可能成为父母和被宠坏的孩子之间一种心照不宣的秘密约定。当那些遵规守纪的孩子看清这种虚假之后，就会觉得自己受到了不公正的待遇，之后就可能不再遵守规则。

当次贷危机迫使美国联邦储备局大幅降低利率来保护那些濒临破

第四章 金融危机下的救市行动

产的公司时，它的行动必须能对这些最不负责任或者过于喜欢冒险、濒临倒闭的公司产生极大影响。降低利率给它们提供了资源，但这些资源不会像变魔术一样凭空出现。这些资源的一部分来自那些靠基金收益生活的人，他们一般投资于短期货币工具，比如货币市场基金或者储蓄账户，他们将会看到自己的收入在缩水。如果降低利率最终导致较高的通货膨胀，那些拥有按货币方式计价的资产的人将蒙受损失，而美联储在整个过程中都没有提到谁将最终成为救市行动的受害者。

当次贷危机迫使美国联邦储备局在 2007 年 12 月启动其定期标售工具救助那些濒临破产的存款机构时，它其实是再一次用其他人的资金帮助那些不是很负责任的机构。尽管这次行动采用的是面对所有存款机构进行公开竞价的形式，但定期标售工具最终还是使那些最需要得到帮助的机构获得了它们不可能在交易市场上得到的低利率。如果美联储以不恰当的折扣拍卖了足够多的资金——在由纳税人承担风险的情况下按这种折中的办法接收抵押物——这就是一次很典型的救市，美联储的贷款项目（比如定期证券借贷工具和一级交易商信用工具）本质上跟这种方式没有区别。由于具备了这样的特点，这次救援行动真可以算得上是历史性的突破，因为这是自 20 世纪 30 年代以来，美联储的救市行动首次超出了它直接监管之下的银行业范围，扩展到了其他行业。而且，通过这些项目，美联储提出以贷款债券抵押物的方式接手这些债券，包括次贷合约，而这些债券目前还没有现成的市场进行交易。

很显然，假如存在这样一个行之有效、可以为这些债券提供一个更好的价格的市场，那么这些公司就可以考虑在这个市场上出售这些债券。美联储正异想天开地在交易市场的问题上提出一些可望而不可即的东西。现在存在的问题是没有人知道这些债券的实际价值到底是多少，因此我们可以说美联储正努力通过投资那些其他人根本不碰的债券，把风险揽到自己身上，这显然也算是一种救市行为。美联储刻意回避自己正在接手的这些风险，声称对于这些贷款来说，所提供的相应的抵押物是适当的，但现实的情况是，作为一个政府机关，美联储正在接手别人不会考虑，至少在同等条件下不会给予考虑的债券。

谁在为这个救市行动买单？当然，如果美联储最终没有在这些抵押物上亏钱，那谁也用不着付钱。但是，一旦这些抵押物的价值出现亏损，也就意味着用来支付这些违约贷款成本的钱出现了缺口，这样导致的最直接的后果就是美联储还给美国联邦政府的钱变少了，因此，在这种情况下，最终出现的情况要么是政府提高公民的纳税额，要么是提高联邦政府的债务，要么是降低政府服务的水准，要么是前面列出的所有的这些后果都综合在一起。

当《经济刺激法案》生效后，美国政府开始向个人消费者邮寄退税支票，以此刺激他们的购买欲。这项措施在某种意义上看也是一次救市，但这是一次局部的救市，因为退税支票主要寄给了那些低收入的纳税人，而没有寄给那些收入较高的纳税人。因此，退税款其实是由纳税较多的人尤其是那些收入较高的人承担了。

就算不考虑退税没有给到高收入纳税人这个事实，从根本上看，这仍然是一种把戏——即使不是一种刻意的欺骗——把他们如意算盘的宝押在大多数收款人没有能力认识到今天退税回来的支票会使他们在未来缴纳更高的税上。因此，这种退税对一个人一生的税后收入来说，没有任何切实影响，同时，对一个理性的、深谋远虑的人的消费行为也不会有什么影响。

低收入人群完全有理由怀疑退税支票对他们来说是不是一份厚礼，是不是一份他们不需要在未来通过更高的纳税额来还的礼物。他们会在现在花掉这笔钱的同时，期待着未来更多的救市措施。事实上，这样的消费效果也正是美国政府当初寄给他们比例相对更高的退税支票的原因。

当美国政府宣布解除对联邦住宅管理局、退伍军人管理局以及房利美和房地美的贷款限制时，这听起来好像是对没有资格申请住房抵押贷款的那些一生中麻烦不断的住房购买人，以及那些可以按一个更好的价格向这些购房者出售住房的地产商的一种福利。但这种福利的根本源泉在哪里呢？政府本身并不从事创造财富的工作，它只是简单地从一个人的兜里拿走这笔钱，又把这笔钱交到另外的人手上。那么最终为这些行为付款的人到底是谁？

根本用不着大惊小怪，当然还是纳税人，并且这还意味着这场游戏的输家是那些非常无辜而且行事谨慎，根本没有参与住房市场泡沫活动的人。这些政府机构和政府主办的企业如果不是很名正言顺地由美国政府资助，最终的后台老板也肯定是美国政府。如果这些住房抵押贷款以后又出现麻烦，美国政府还是会利用纳税人把他们再次拖上岸。这就是这些机构区别于私营企业之处，而且这些不同点很清楚地表明所有这些活动其实都是救市行为。

为什么救市行动是必需的

尽管有刚才提到的那些相当令人不快的后果，但对次贷危机主要的短期矫正（非常不幸地）还是需要一些救市行动的组合。当然，这些措施也有可能会出现没能产生任何效果的情况。救市行动吸引了公众的注意，而这些行动可能是以牺牲大多数纳税人的利益来应对那些极端情况。在防止某些多米诺骨牌倒下的同时，这些救市行动也有可能挫伤大众的信心。救市行动的采用可与试图通过对病得最厉害的人以及离死亡最近的人全力救治，以控制疾病流行的行为相提并论。因此，由于这次次贷危机的影响程度巨大，次贷危机的后果主要是影响相对弱势的社会成员的这种非对称状况，我们还是必须尝试进行救市。这就是本章后面将要深入讨论的次贷危机解决方案中的相关部分。

尽管政府一般很少使用"救市"这个词，但它事实上从很久以前就已经开始为公民进行救市了。在戴维·A.摩斯于2002年出版的《当其他所有方法都失败了：政府是最后的风险管理者》一书中，他认为："风险管理在美国形成了一套行之有效而且广泛深入的公共政策。没有它的存在，美国的经济将面目全非。"事实上，经济理论学者必须时刻考虑那些隐藏得很深，没有明确说法的世界各国政府与它的公民和企业间达成的那些风险管理合同，忽视这些普遍存在的合同关系将会犯下严重的理论性错误。

让我们再次回到不按时吃饭的小孩子的例子上，现在让我们假设孩子的父母中有一方很忧郁，在这种情况下，对一个孩子大发雷霆可能会使家庭成员的情绪失控。聪明的父母在当时的情况下很可能会放过这个不守规矩的孩子，事后再考虑怎么教训他。

家庭的情况与国家的情况并不完全不一样。很多家庭都存在一些长年累积下来的问题。不和与怨恨可以被暂时掩盖，但它们总会时不时地

第四章 金融危机下的救市行动

冒头。陈年旧账会被一次又一次地翻出来。在这种气氛紧张的时刻，很重要的一点就是我们不要讲出过激的言辞，以免对方对此一直耿耿于怀，甚至一年后还耿耿于怀，并且又成为下一次冲突的口实。

与此类似，政策制定者必须努力防止出现经济灾难，因为这种灾难有可能引发对我们经济制度长期不信任的情况出现。20世纪30年代发生的大萧条已经离我们远去——至少从时间上看是如此。尽管我们对那些过去的日子一直都没能忘怀，但现在我们的心理状态已经达到不再受当时那种情绪左右的程度。

那些标志着大萧条开始的事件为我们后面几十年的生活设定了基调。在大萧条中，首先被抛弃的是那些曾经拥有良好的而且看起来似乎还很稳定的工作的人，他们的灾难也由此开始，比如由于丧失抵押赎回权而失去房产。有的人只留下了很可怜的一点点财产，因此不得不满脸羞惭地随着等待救济的人流缓缓移动，领取面包，或者时不时地在分发食物的流动厨房里露面。被裁掉的中年人只能靠沿街出售苹果谋生。那些占据报纸主要版面、等待救济的如长蛇般的人流和沿街叫卖的小贩的照片，为整个社会增添了更多凄凉的气氛。这些景象深深地烙进了美国人民的精神里，成为那个时代的一种象征，代表着整整一代人的耻辱。

通过探寻这些表明金融崩溃的证据，我们被带回到20世纪30年代，当时由无数投资公司共同结成的一张巨大的网开始被一点点撕破。当那些非常可靠的银行突然关门，特别是因为没有能够及时支取自己的存款而身无分文时，人们感觉自己被深深地伤害了。那些排着长队，试图从倒闭的银行取回存款的无辜人群的照片，为我们展示了另一幅活生生的景象。这使得当时的情绪大杂烩中又加入了愤怒和失望两种元素。

这些经历，以及反映这些经历的那些影像，标志着美国人内心世界的急剧变化。这些变化是根本性的，反映了深层的悲伤。弗雷德里克·路易斯·艾伦在他于 1931 年出版的《只在昨天：20 世纪 20 年代的美国简史》一书中认为："（在 20 世纪 30 年代开始的时候），漫步在美国的任何城市或城镇，人们很难不注意这些景象。"女士的着装风格变了：短裙消失了，取而代之的是更正式、很少暴露的款式。"终于过去了"的这种感觉如此让人兴奋，我们正昂首迈进一个甩掉所有禁忌的新时代。浪漫、充满诗意的戏剧和小说重新流行，取代了那些挑战我们当时价值观的作品。对企业家及精明生意人的追捧的热情开始衰退。对当时还算惊世骇俗的先锋理论的弗洛伊德精神分析学说的热衷也变得不是很常见，甚至对宗教的思考也向更传统的方式回归。

1932 年，精神病理学家 W. 贝兰·沃尔夫写道："整个国家笼罩在心理疾患的阴影中……那些失业的美国人呆坐在家中收听广播（前提是他还没有被逐出家门），或者谦卑地站在领取食物的等待救济的人群中，或者满脸愧疚地向社会机构申请救助。如果这些都被拒绝了，他就只能向最无法忍受的那种人格侮辱低头。奴隶的道德观又回到我们中间。"

20 世纪 30 年代，激进的情绪在进一步强化。哈维·克勒尔在他于 1968 年出版的《美国共产主义思潮的全盛时期：大萧条时代》一书中，描绘了美国人，包括工人和知识分子，怎样被共产主义理论征服，20 世纪 30 年代也因此被称为"红色年代"。劳资关系出现恶化，双方甚至产生了敌意。劳动争议的激烈程度非同一般，有时甚至演变成暴力。从对经济信心的影响方面看，目前的次贷危机在某些方面与大萧条的发端非常相似。

第四章 金融危机下的救市行动

弗朗索瓦·棱勒于 2007 年出版了法文书《我们所面临的 20 世纪 30 年代的危机》，法国商业杂志《回声》的这位编辑发现，价值观和传统习惯的改变，信心的丧失，甚至失望情绪的出现，都是同时发生的。身处那些美好的年代，人们都非常乐意进行合作，并乐意向他人提供帮助，但当对未来的乐观态度开始变调时，他们就会变得自闭、易怒、恐惧和自私。

本杰明·弗里德曼在他于 2005 年出版的《经济增长的道德意义》一书中，引用了世界发展史上的大量证据，说明当人们看到未来充满无限希望的时候，他们更能进行建设性的协作，支持民主的理想以及政治和社会的自由化；而当人们看不到未来的发展前景时，他们的理想就会出现很大的倒退。

弗里德曼指出，在世界上的大多数地方，特别是欧洲，20 世纪 30 年代发生的大萧条从所有的方面都证明了他的理论完全可以预言法西斯主义、反犹太主义、种族主义、民族主义以及最终爆发的第二次世界大战。但他认为 20 世纪 30 年代的美国对于他的理论来说"显然是一个例外——很多方面的例外"。在美国出现了令人费解的合作和改革精神，而且最终通过新政而得以具体化。虽然当时面临巨大的动荡局面，但与此同时又具有积极的制度变革和进步的理性追求，这些积极的方面冲抵了因萧条产生的绝望情绪。劳资双方以及穷人与富人之间的敌意，也由于有了正共同迈向更美好的明天的共识而得以缓和。

在面对第一次世界大战结束的局面时，美国和欧洲对大萧条做出的反应在开始时是完全平行的，这一点我们可以从凯恩斯的《和平的经济后果》一书中找到明确的证据。获胜的盟国向战败的德国提出高昂的战争赔款要求，根本没有考虑这种要求对经济以及社会生活的其他方面可能造成的破坏，这些条件可能在战胜国和战败国之间以及民族之间引发强烈的对抗情绪。凯恩斯写道："如果法国自己的金融情况处于混乱到几近崩溃的状况，如果法国从精神上被迫与自己的朋友孤立，如果流血、苦难和盲从的情绪从莱茵河一直向东蔓延到两个大陆，那么法国会因为把岗亭建在莱茵河上就能获得安全感吗？"

历史证明凯恩斯对当时那种不合时宜的经济安排可能带来的社会变化的忧虑是正确的，他所忧虑的那些问题很可能就是在一代人之后发生第二次世界大战的原因之一。我们必须时刻关注公众对公正和公平待遇的理解，关注公众对我们的经济体系向前发展，并为所有人提供公平机会所具有的信心，然而这个信心目前正被这场次贷危机严重地侵蚀着。

我们正面临这样的风险，对当下的经济危机的不当处置可能会使我们的社会退回到很久远的过去，这种倒退不仅仅表现在经济生活方面，同时也表现在社会生活方面。我们现在必须立即行动，防止出现任何可能危及我们社会团结的严重危机。对经济体系的信任以及信心的丧失可能产生的后果，不仅会影响经济体系本身，也会影响整个社会组织，让我们遭受更多本不应该出现的苦难。

现在所需要的紧急的修补与大萧条时期所提倡的情况类似。1932年，曾任美国住宅银行与货币委员会主席的亨利·B.斯蒂格尔说："当然，它确实牵涉违背现有的政策和观念的问题，但我们在眼看着一座房子正在燃烧的时候，不可能再站在旁边，对采用哪一种方法灭火进行无休止的辩论。在这种情况下，我们会本能地采用任何最方便而且能最快达成目的的最有保障的方法。"

这个类比是比较恰当的，因为我们当时和现在共同面临的真正的问题，确实像一场突发的大火——飞快地从一个人到另一个人、从一项业务到另一项业务，快速传播各种问题。次贷危机更为严重的后果在于"系统效应"——那些在整个经济体系中都可能感觉到的效应。在医学领域，一个外伤的系统效应指那些对身体的各个部位，包括远离初始创伤的身体部位都会产生影响的情况。比如对某一个肢体的伤害会引发这个肢体出现坏疽，而坏疽会导致死亡，要阻止死亡则要及时将患有坏疽的肢体截掉。

在经济领域，系统效应全部是外在的，特别是那些在极端情况下表现出来的效应更是如此。通常情况下，经济领域的系统效应都与投资者的信心以及心理传染和社会传染有关。一个经典的例子是一家全国性的银行的运营情况会受某一家银行或少数几家银行倒闭影响。当存款人认为可能失去自己的存款时，他们就会从所有的银行中取出他们的存款。然而就算是那些行事最为稳健的银行，也只会将所收存款的一小部分留作存款准备金，而遇到这种灾难性的提款风潮时，很难保证满足全部提款要求。这种部分准备金的银行业务正常运行需要达到双重均衡：人们信任银行，因此，银行看起来就值得信赖。相反，如果人们对银行失去信任，从银行抽走资金就会致使银行倒闭，这时，信任的缺失就成为一个典型的"自我实现预言"。要弄清楚从一个均衡转变到另一个均衡的原因并不是很容易，因为这往往同时包含社会传染和经济传染的情况。

在1929年股票市场崩溃后出现，对美国和世界其他发达国家产生深远影响的20世纪30年代的大萧条，就是一个非常典型的系统性故障。实际上，危机在1929年之前就已经开始——主要表现在住房市场上，之后开始向股票市场蔓延,然后引发了严重的银行危机,并随即对几乎所有的行业产生了影响。

经济史学家克里斯蒂娜·罗梅尔认为,20世纪30年代大萧条的出现符合公众对1929年股票市场崩溃所做的逆反应。她发现,预测人士对这次股市崩溃的经济影响的反应与他们对1920—1921年和1923—1924年经济低迷期间所做出的反应截然不同。1929年的崩盘情况一出现,这些预测人士(尽管他们没能预测紧随其后的大萧条)都异乎寻常地表达了对经济前景充满了巨大不确定性的看法。罗梅尔相信,正是这个不确定性导致严重的消费者支出紧缩,并最终引发大萧条。

经济低迷的出现可能会最终改变经济政策的政治支持属性,包括那些针对正在加剧的低迷情况的政策。在萧条时期社会对劳工的支持热情进一步高涨,正如经济学家哈罗德·科勒和李·奥哈尼安所说,这是由于政府政策鼓励企业接受工会的要求,就算是这些要求其实只是为了内部群体的利益而牺牲外部群体的利益(外部群体指的是那些当时暂时没有工作的人)。1933年,《国家工业复兴法》是新政体系中比较缺乏创新意义的一个措施,它授权总统可以同意企业之间形成价格联盟,前提条件是企业接受工会的某些要求。在该法案于1935年被宣布违宪后,罗斯福政府仍然对那些满足工会要求的企业在进行《反托拉斯法》制裁的时候故意睁一只眼闭一只眼。

今天仍存在这种可能性,就是我在《非理性繁荣》一书中指出的"关注重叠"现象,让我们开始担心那些极有可能出现、已经在我们的意识里沉寂多年的经济问题。在关注重叠现象中,开始的时候是经济事件或者经济问题成了很多谈话和媒体上的文章关注的焦点,这种现象会

第四章 金融危机下的救市行动

一直持续到所谈论的这些事件在公众的思想中占据主导地位为止。这些变化是质变性质的——通过某些故事、理论和事实——而且不可以用分布如此广泛的各种不同的消费者信心指数进行衡量。事实上，长期持久而且剧烈的变化经常会在那些传统的经济学家发现任何先兆之前非常突然地发生。

次贷危机没有被包括在我们制订计划时可能考虑设立的应急预案里，我们被困于自己错误订立的契约安排之中。很多人很显然是在本应该行事非常审慎的时候，被这种类似天上掉馅儿饼似的好事和快速致富的欲望引诱，陷入金融世界的汪洋大海；而另外一些人陷入困境却并非因为自己的错误，而且他们也正在拼命地自救。这些情况跟我们所能想象到的完全一致，没有人能够在如此有限的时间内快速而且令人信服地鉴别这些待救的人中谁有错、谁无辜。

我想强调的是，在一个随时存在崩盘危险的不动产市场中，可能存在的系统效应远比住房价值的降低更重要。因为无论住房的价值降低多少，作为房子来看，它仍然是同样的房子，能为我们所有的人提供同样的功能。但如果是经济系统的产出率下降，那就是实实在在的损失，而不只是停留在纸上。资产负债表上反映的由于住房价值降低导致的损失，只是一种纯粹的财务损失，但是如果让这些情况肆无忌惮地破坏公众的信心，这些损失就有可能转变成经济系统中真正的巨大损失。

在类似我们现在正经历的这种金融系统失灵的情况下，我们必须搁置政治和政策上的分歧，立即退回到一个更为基本的社会契约的基础上。这个社会契约即整个社会作为一个整体，应该保护所有人免遭重大灾难，同时控制那些已经出现的问题，使之不要再蔓延（对以上所有说法的释义应该都是常规性的释义）。这样一个社会契约对于我们来说，是一个最有价值的保护体系，因为作为一个社会整体，我们不可能做到对所有可能出现的不可预见的情况都预先进行非常全面的规划。

从实际情况来看，各式各样的救市措施在过去几个世纪一直是支撑各个经济体的稳定机制的组成部分，包括美国的也包括所有其他国家的。美国联邦储备局自1914年成立以来，已经对很多陷入危难的银行进行救助。英格兰银行在过去的数百年间也一直在做着同样的事情。我们必须面对这样一个现实：过去我们没有办法避免救市的情况，今天我们同样也没有办法做到不救市。

当我们很自然地争辩救市行动对那些没有得到这些好处的人不公平时，事实上，对什么是公平、什么是不公平的界限划分也很难做到泾渭分明。不公平的现象在我们的经济体系中一直就是一种司空见惯的情况，收入的巨大差异就是一个证明。这在某种程度上是很久以前那些历史上的不公平遗留下来的影响，最著名的当然就是美国贩卖黑人作为奴隶的事件。直到今天，美国黑人作为一个整体，还没有完全摆脱这段受压迫的历史带给他们的经济阴影。

美国联邦住宅管理局以及类似的美国政府主办的企业（房利美和房地美），其主要的作用就是对那些低收入者提供住房补贴，这种做法可以被看成至少是在部分修正社会中存在的收入不平等问题。另外，补贴低收入者的住房或许还具有正面的社会外部效应，这种外部效应的价值是无法估量的。如果处在社会边缘的成员中有人能通过拥有住房而感觉在为自己的成功进行投资，他就会对我们社会的和谐产生更高的期待。如果现在对那些低收入者提供更多的救市措施，这或许正是对我们所有人的一个善举。也许，次贷危机正磨砺我们的社会良知，而且是以一些无法直接观察到的方式。

新的住房房主贷款公司

我们需要一个新的组织，仿照在上次惨烈的住房危机中建立于1933年的住房房主贷款公司，为贷款购买住房的人提供更便捷的信贷服务。我们正面临这样一个机会，按照设立新的住房房主贷款公司这个思路起草的计划获得了人们的大力支持，包括经济学领域的艾伦·布林德和马丁·费尔斯坦以及法律领域的迈克尔·巴尔等人，他们都力挺这个计划。然而在美国国会方面，对这个建议的态度仍然存在非常大的分歧。现阶段来看，它仍然可能只被当成一项提议。国会最终的任何决议案都有可能会使开始时的方案被掺水，就算是国会做出了意义深远的决议，但如果次贷危机的情况持续恶化，国会在以后的日子里也不会为这个机构提供充足的额外资助。

住房房主贷款公司可以接受以按揭作为贷款给按揭贷款方的抵押物，条件是要求该按揭的条款要比当时通常所见的条款更合理。通过这种方式，住房房主贷款公司既解决了急迫的丧失抵押品赎回权的问题，又鼓励了远期的经济创新。这也是一家新的住房房主贷款公司今天能够做到而且也应该做到的。

本质上说，救市的所有潜在成本都是由广大民众承担的，不过这些钱并没有装入哪一部分投资者的腰包里。本·伯南克经常呼吁全国银行减记数以百万计的按揭贷款本金，他要表达的真实意思其实是本金减记

"最有利于保障借贷双方的利益"。当然，有些限制性的减记是基于放款人的利益：如果放款人未能为陷入困境的购房者改进按揭条款，那么购房者很可能就会简单地放弃这部分财产，而且被放弃的这部分财产通常是处于一种价值受损的状态，因此放款人将面对的是巨额的法律成本和时间成本。放款人很清楚，如果购房人看到有很合理的按某种优惠的条款继续支付房款的希望，让购房人仍然保有住房其实符合放款人自己的最大利益。伯南克很小心地不让他的话被当成是让某部分不幸的投资人承担处理美国经济系统效应成本的建议。但是，由于将自己的关注范围限制在了那些针对借贷双方共同利益的行动上，伯南克所做出的建议其实只是让放款人继续做他们已经在做的事情。不过他的讲话在处理次贷危机中没有产生实际效果，因为这些讲话并没有提供任何经济方面的砝码。

美国联邦参议员克里斯托弗·铎德提出了一个联邦住房所有权保护公司的概念，一个现代版的住房房主贷款公司（铎德后来放弃了这个新建公司的主意）。在一次记者招待会上，他和美国联邦众议员巴尼·弗兰克一起提到了授权联邦住宅管理局为束手无策的借款人的已经经过再融资安排的按揭提供高达3000亿美元的担保。虽然他们并没有把这种情况说成是救市或者给纳税人增加负担，但毫无疑问的是，如果违约率变得很高，出现这种情况的可能性是很大的。

建立一个新的机构（比如像住房所有权保护公司）所产生的效应，要远胜于仅仅扩大联邦住宅管理局的融资权限，因为一个新的机构更有可能为按揭贷款人提供除现金以外的更多服务，一个新的机构也更能吸引领导人关注这些基础改革。建立这样一个机构也是一种宣示的方式，表明我们要严肃认真地应对这次次贷危机。我们现在也需要特别留意住房房主贷款公司解决方案中其他方面的情况。具体来说，我们需要关注住房房主贷款公司的再生，建立新的按揭条款规则，这一点我将在下一章进行论述。

正确制定短期解决方案

与具体实施的短期解决方案同等重要的，是隐藏在这些方案后面的心态。我们必须正确制定这些方案，保证它们从一开始就运行在正确的道路上。这就意味着我们必须正确认识问题的范围，为解决这些问题分配足够的资源，并且设定正确的政策基础目标。

如果想要让我们在这里讨论的短期解决方案有成功的机会，我们的领导人首先必须在第一时间承认存在严重的问题。如果领导人继续声称现在的经济转向只是一次普通转折，这种态度对解决我们面临的问题没有任何帮助。这种方式是赫伯特·胡佛在大萧条期间采用的策略，当需要面对真正的根本性变革时，这种策略通常会被每一位政府领导人及商界领袖奉行，然而这只会导致人们对那些身居高位的人企图通过暗示的力量操纵公众思想的卑劣手段进行谴责。

我们必须做好充分准备，必须实施更多的减税措施，而且可能要历时很多年。这些减税措施可能最终会对国家的债务状况产生负面影响。只有我们真正认识到这个问题的严重性，这种可能性才有可能被大家接受。

我们还必须注意银行和证券商的资本充足情况，因为如果住房价格持续剧烈下降，将会削减它们的资产，使它们很轻易地被置于不断增长的压力之下。如果它们的资本不足，而且让它们的生意伙伴明显地感觉到这一点，就会使系统的流动性进一步下降，这种情况在一场正在不断恶化的危机里会以非常惊人的速度传播。

我们必须心甘情愿地投入足够的资源确保救市行动能够得到正确实施。领导人应该面对现实，勇敢地承认这些行动就是救市，并且耐心细致而且足够冷静地对采取这些行动的原因进行必要解释。只有通过这样的努力，才能将足够的资金投入到这些行动中，并产生我们期望的效果。

设定好合适的政策关注点也是非常关键的问题。救市的目的不应该是保持住房市场、股票市场或其他任何投机市场的高市值。救市的根本目的是防止出现对我们的体制和我们相互间经济信心的丧失，并同时保持一种对社会公平的理想追求。基于这样的考虑，救市的重点应该放在防止绝大多数普通人产生悲观情绪。

至于住房的价格，政府政策的立足点应该是限制房价。我们需要更多经过规划的城市中心区，通过建设更多的中心区可以增大供给量，从而把城市的住房价格降下来。《1968年住房与城市开发法案》的起草人就非常清楚这个需求，而且这个法案建立了一种机制，使这种设施完备的新城市的建筑商可以向住宅与城市发展部申请支持。这部法案的通过导致一些新的城市中心区的出现，但这部法案的力度还不够，我们需要通过新的立法支持新的城市社区的开发。

针对当下的这场危机，我们面临的问题的差异相当大。我们必须为确保经济的公正心甘情愿地买单，这样说的意思是需要分配一些资源来鉴别——当然是在尽可能的范围内——在这些按揭借款人中谁是被误导、被不公正对待的，然后将救市的焦点放在他们身上。

一些非营利组织，比如"自助组织"和"美国邻里互助组织"都非常愿意花时间帮助那些具体的房主摆脱困境，但这些组织的资源在目前这场如此大规模的危机面前显得微不足道。美国政府的"希望现在行动"也无法提供足够的解决方案，因为它没有官方的资源支撑，只是一个政府主导的商业联盟。如果住房价格持续下跌，接下来的几年将会有更多的房主陷入困境，这将成为一个代价高昂的问题，并将使我们现在已经捉襟见肘的系统面临更大的压力。

美国政府现在应该花费资金重组救市体系，以便这个体系能在一个更具有系统性的基础上运行。新的住房房主贷款公司可以用来处理复杂的救市程序，逐一修改贷款条款，对那些拿出时间和精力帮助具体借款人客观地认清现实，并协助政府对那些符合条件的借款人提供资助的按揭放款人给予相应的奖励。

在成功地控制次贷危机不会进一步恶化的情况下，我们必须转向长期解决方案，防止我们已经身陷其中的这种困境再次降临。次贷危机解决方案中有关这部分的内容将是下一章的主题。

第五章

金融民主的愿景

次贷危机解决方案（在防止未来再次出现类似现在这场危机的情况的同时，尽可能减轻这场危机的余波可能造成的负面影响）的关键是使金融走向民主化，把那些合理有效的金融原则的应用范围扩展到一个更广阔的社会层面，并采用所有我们现在已经掌握的现代技术达成这个目标。

从长期来看，通过这样的方式，类似我们现在正在经历的这种房地产泡沫的发生率会大大降低。就算这种泡沫仍会出现，市场也会建立合理的机制对此做出适当反应，而不是像我们在 2007 年次贷危机爆发后看到的那种亡羊补牢式的快速修补。

从历史来看，银行系统存在非常大的不稳定性，例如在 1797 年、1819 年、1837 年、1857 年、1873 年、1893 年、1907 年和 1933 年，美国都出现了非常严重的银行危机。这些问题经过多年来所进行的很多次体制革新后，在很大程度上已经得以解决，其中比较著名的有 1913 年美国联邦储备体系的建立和20世纪30年代早期美国的新政改革。但这些有效的改革措施尚未触及我们经济体系里的所有领域，特别是住房领域，这个领域现在仍然是在一种事实上非常原始的金融意识的指导下跛足前行。除非我们能以更广阔的视野考虑对困扰绝大多数房主的金融体制进行改革，否则我们将一次又一次地被危机打击。

由于引发这场次贷危机的那些问题对我们来说是如此司空见惯，以致到现在都还没有人对我们现行的金融体制存在的缺陷进行广泛深入的检讨，这是一个十分发人深省的现象。当市场开始滋生泡沫，而且泡沫已经开始破裂的时候，大多数人在面临巨大的经济危机时的保护措施通常非常有限，而且持有的还是风险非常高的千篇一律的资产组合，当他们失去工作或者病倒后，风险就有可能将他们彻底毁掉。

这些问题被某些人看作金融系统的一种必然属性，而系统本身又被认为是一种不受任何改革影响的封闭体，就像是大自然的一个产物。而那些成功的体制改革成果，比如在新政时代推出的改革措施，就有力地证明了这个被广泛认可的冠冕堂皇的说法根本就站不住脚。基础性的体制改革不仅是可能的，而且是必要的。

在建设新的制度基础，启动建立一个更有保障的经济环境所需的改革过程中，次贷危机无情地暴露出有关领导人对这一部分内容如此缺乏想象力。本章将提出这类体制改革的一些切入方法。

讲究技术

在一开始着手进行体制改革的时候，我们首先必须搞清楚哪些技术可供我们在改革过程中利用。信息技术是我们现在经常挂在嘴边的一个词，对于次贷危机的解决方案，这也是一个关键技术。持续发展中的电脑，数据采集及处理能力，"聪明"的技术，以及快速、廉价的通信方式，都为实施这些次贷危机解决方案——修正经济体制基础中一些耸人听闻的偏差——提供了极为有效的工具。

随着信息技术的发展，最近几十年，我们的知识体系在金融数学领域出现了令人十分惊喜的进步。金融数学理论作为经济理论的一个组成部分，让我们可以挖掘风险管理技术具备的全部潜能。特别是当这些技术应用于十分广泛的范围的时候，因为我们现在先进的信息技术使得这一切想法都有可能实现。理论上的进步也是非常重要的，因为它们能让我们知道自己可以到达什么地方，以及通过什么方式寻找机会使这些金融技术提高人们的福利。

金融数学理论帮助我们了解金融合同的双方怎样从合同中获益，并且告诉我们怎样优化双方的分享机制，以保证全人类的财富作为一个整体能得到增加。如果我们想要避免那些针对危机的政策建议出现矛盾和反复无常的情况（例如固执地坚持对那些没有经过认真考虑，也没有合理动机就莽撞入市的人进行救助，或者站在"另一边的岸上"为救市行为买单等），我们就必须依靠这个理论。

现代金融理论在代理制理论中占有很重要的位置。代理制理论解释了怎样激发代理商尽可能地按所有交易参与方的利益行事，而不只是考虑代理商自己的利益。这个理论很好地解释了怎样通过构建金融体制，正确平衡各方的动机，从而将道德风险置于控制之下。

在相似的脉络下，人类科学——心理学、社会学、人类学和神经生物学——也正在大跨步地提高我们对人类精神层面的了解，而且这些知识现在也正被应用到金融和经济领域。通过这些理论，我们对人们为什么会犯下这些经济错误有了更深刻的理解，也更清楚怎样构建新的体制，以帮助我们避免再次犯这样的错误。

过去几十年，行为经济学和行为金融学领域的发展也发生了革命性变化，这些学科吸收了其他社会科学领域取得的成果。由于这个原因，很多守旧的金融理论学者拒绝接受这些革命性的成果，因为他们担心这会使他们的数学模型失去作用。其实，事实恰恰相反，这些革命性的成果为他们的模型的成功运用开辟了更加广阔的空间。

否认心理学及其他社会科学对金融理论的重要性，就如同物理学家否认摩擦力在牛顿力学中的重要性一样让人匪夷所思。如果牛顿力学只能在摩擦力可以被完全忽略的领域应用，那么它的应用领域大概只能是航天领域。一旦我们在这个理论中加入摩擦力的理论，牛顿力学就适用于解决地球上的问题了，而且也成为为改善我们日常生活质量而设计机械设备的工程师们的基本工具。我们今天面临一个与上述情况具有可比性的情况，因为行为经济学和行为金融学的出现将极大地促进我们在金融工程领域的进步。

我们可以开发新的机制解决世界现在正面临的很多基础性的风险问题。但正如我们先前已经注意到的，只有对制度基础进行革新，通过稳定扩大财产所有权，特别是住房的所有权范围，推动经济更快增长，这个目的才可能得以实现。

接下来大家即将看到的是一整套改革的建议方案，供领导人——政府的、民间的和商界的，包括美国和世界各国的——借以为住房市场以及其他资产市场铸就一个新的体制基础。归总起来看，本书提出的这些建议措施与美国新政时代为应对20世纪30年代的金融失灵进行的改革的精神与内容，以及其他制度性改革动议（比如为保障国际间银行系统安全而进行的《巴塞尔协议II》改革）遥相呼应。

由于这些建议在某些情况下很明显地表现出了与过去我们实际情况相比偏离较大的现象，因此，开始时出现一些怀疑这些建议根本不可能进入实施阶段的声音也就不足为奇了。但是我们必须记住，金融史是在一次次周期性的出现方法上和形式上大突破的基础上发展起来的，而且这些突破通常都是在金融危机的时候出现的，比如大萧条期间出现的新政时代的创新。

我这里所建议的变革具有重大的意义，其中有一部分已经进行过小规模的试验，而且所有的变革都明显具备可行性。整套改革的净效应可能会对整个经济体系产生抗压作用，在体制构架内建立更大的稳定机制，使买方和卖方的业务交易建立在互信的基础上，而不是通过那种你死我活式的投机方式进行交易。

全新的信息基础设施

积极筹划一套经过改进的信息基础设施——个人和企业管理金融事务时依赖的信息基础工具——不仅是一项很好的政策，也是一项很好的经济活动。根据经济学理论，可以自由获取信息是一件给全体大众带来益处的好事，而且已经出现由私营企业提供的趋势。此外，信息的缺乏会产生系统效应，这种系统效应是政府应该尽力避免的外生性负面影响。加强信息基础设施建设将会对改变导致投机泡沫产生的社会传染和信息串流的发生机制产生根本影响。

政府对已进行根本改进的信息基础架构进行大力推广，将会让我们对最近几年在信息技术和行为金融学方面取得的成果进行资本化转变。有些表面上看起来很有前途的信息技术方面的创新在实际运用中一直不尽如人意，因为它们没有按照合理的人类工程学的原则进行设计。举例来说，被称作金融引擎的金融规划网站的使用情况就相当令人失望。这可能就是问题的根本所在，因为人们在对重要的金融事务进行决策的时候不太可能仅以电脑提供给他们的信息作为依据。在对自己的金融行为进行重大改变之前，他们必须跟某个人面对面交流。行为金融学为信息技术的合理使用提供了很多类似的教训。

在本章中，我考虑了6种主要的改进信息基础设施的方式：推广全面的金融咨询体系，建立消费者导向的政府金融监管体系，采用那些默认的对所有人都有效的惯例及标准，改进有关金融证券的信息披露手段，建立全国范围内经过精心设计的关于个人经济状况的大型数据库，建立一套新的经济度量单位体系。

全面的金融咨询体系

那些取得高风险的次级抵押贷款的低收入者随时面临利率上调的可能，他们基本上注意不到这类按揭隐藏的其实已经广为人知的风险。他们对存在的真实风险——在出现危机的情况下，他们不可能为这些按揭取得再融资——根本没有一点儿概念。为什么会这样呢？因为几乎没有任何经济方面的动力促进通过已经建立起来的交流渠道提供这方面的信息，因此，这些新加入的住房所有者在不经意间就承受了惊人的风险。

金融咨询类杂志实际上已经对这些风险进行了报道，因此，当那些拥有较高收入的这类杂志的订阅者了解了这些情况，并几乎是一边倒地转向常规的固定利率按揭时，很多低收入人员会被留在个人的悲剧之中。

要想消除公众教育方面的这个失误，第一步是通过制度建设把这种广泛的金融咨询服务推广到能覆盖每个人，这样就可以确保所有人员（而不仅仅只是最富有的那部分人士）都能获得这些资讯。大多数金融咨询业者都不重视中等收入及低收入这个范围内的客户，因为金融咨询业者赚钱的方式主要是按照所管理资产的比例收费，或者在证券买卖过程收取佣金。也就是说，只有富有的客户，才能给他们带来期望的收益。为了高效并以赢利为原则管理业务，很多金融咨询业者对他们的业务范围进行了必要的瘦身，把自己的业务限制在一定范围，比如资产组合管理咨询和税收策略咨询等。

大多数人都非常需要获得广泛的基本金融咨询服务，而且需要从有资历和值得信赖的专业人士那里获得这种服务。很不幸的是，只有富有的人，才有能力购买这种咨询服务。

对于这种状况，解决的方法之一是金融咨询师也采用其他专业人士（比如律师和会计师）的计费方式，按固定小时费的方式收取服务费。全美个人金融咨询师协会已经朝着这个方向迈出实质性的步伐，它要求它的会员咨询师签署一份信托誓词，保证不在金融产品的销售或推介过程中从第三方获取报酬。但这个组织现在的规模仍然相对较小，没有加入该组织的金融咨询师大多都拒绝转向这种方式，其中一个简单的原因就是目前这一类型的咨询服务需求中能达到他们期望价格的还非常有限。

这种情况所导致的结果只能是留给低收入人群的咨询服务都是有偏差的服务。举例来说，当他们作为住房购买者时，一般是与房地产代理商和按揭经纪人打交道。房地产代理商代表房子的出售方，因此他的动机就是希望房子卖一个好价钱。按揭经纪人的动机当然是希望安排一个较高利率的贷款。此外，按揭经纪人通常会以帮助客户获得最好的按揭利率的面目出现，但客户可能不了解的是，他们会向放款方收取费用。

美国政府一直奉行鼓励金融咨询的政策，规定这项费用可从应缴税额中扣除，但这个扣税政策起到的作用只是鼓励那些高收入人群利用金融咨询，而那些低纳税等级的人本身不大可能从纳税列项扣除中获得什么明显的好处，因此他们通常也不会采用。另外，金融咨询费从应缴税额中的扣除属于杂项扣除，也就是说，对于那些申报扣税列项的人来说，可扣除的只是这些扣除项下超出已调整的毛收入2%的部分。因此，低收入纳税人在支付金融咨询费用方面很少有，或者根本没有税收方面的动机。

政府需要消除这个偏差，并通过有效的补贴，使每个人都可以享受这种综合、不受控制、按小时付费的模式建立的金融咨询服务。实现这个目标的一个可行途径是建立共同付费安排，比如像已经存在的医疗保险制度和医疗救助制度以及私营的健康保险计划。在这些安排下，从业者可以申请部分费用补贴。类似健康保险的方式应该说是非常贴切的：我们都需要在动态的基础上得到医疗和金融的咨询服务，当我们的健康——身体上和金融上——遇到问题的时候，如果得不到应有的服务，那么损失最终还是会算到整个社会头上的。补贴的另外一种形式可以是将目前金融咨询的税收鼓励方式从分项扣减改为退税额度管理，使纳税人就算是没有选择列项申报，也可以通过所得税的返还申请获得这些好处。

咨询师想要取得补贴资格认定必须签署一份声明，表示他不会为了客户的同一个业务从第三方接受其他报酬，以保证提供咨询服务的公正性。我们当然需要那些通过出售金融产品收取佣金的专业人士提供有实际帮助的服务，否则，很多有重要意义的产品就无法进入它们预定的目标市场。但是这些专业人士的佣金收入——以及当前以资本利得基础计算的个人所得税扣除数——应该对他们追求的以佣金为基础的销售模式具有足够的推动力，因而不需要政府再对他们的收费进行补贴。

如果在次贷危机酝酿期间准备购买住房的这些低收入者已经得到那些值得信赖的金融咨询师一对一、高质量、全方位的金融咨询服务，情况又会是怎样的呢？在这种条件下，危机或许根本就不会发生。在住房泡沫的量级和范围或许还没有把它正在发生的真实情况展现出来的时候，大多数金融咨询师至少会有感觉，觉得住房市场的繁荣不会持续太久。当一个低收入家庭正在经受可调利率按揭贷款或者一份对他们的收入来说显然过于庞大的按揭可能带来的风险威胁的时候，合格的金融咨询师的心里肯定应该非常清楚即将出现什么后果。

泡沫破裂后我们看到的另外一个例子，同样说明了这种纯粹出于帮助客户的动机，并且只按所花费时间计费的金融咨询服务的必要性。今天，随着住房价格的下跌，很多需要得到照顾和特别服务的老人打算推迟搬入持续关怀退休社区的时间，因为他们的心里无法接受现在出售住房而面临的价值损失。一般情况下，在搬入持续关怀退休社区前，他们必须卖掉自己的住房，以便支付入住的门槛费，但是由于考虑到住房价格下跌，因此只能推迟这个对于他们来说非常重要的安排。他们中的很多人可能会因此耽误很多年，因为他们满心期待以一个更好的价格卖掉自己的住房，这种趋势已经通过持续关怀退休社区出现了很高的空置率的情况反映出来。因此，这些老年房主可能将会有很多年得不到适当的照顾，常常处于孤独和寂寞中。老人们现在真正需要的是一位让人信赖的专注于老年金融服务的顾问、专家，他通过收取小时费的方法设身处地地为老人们做通盘考虑——健康需求及税收后果——把所有问题直观化。比如或许在一个疲软的市场上尽快出手一套住房，表面上看少赚三万美元，但最后分析出来的结果，综合考虑他们的其他需求后，也许是最正确的选择。

当然，仍然存在一个问题：就算成本大幅下降，金融咨询又能给人们带来多少好处呢？对于这个问题，我们只有在补贴到位后才能知道答案。如果我们通过补贴为新的金融咨询行业提供动力，所期望达到的目的就是它的从业人员将会设计新的市场策略、新的咨询渠道，以及将他们的咨询与其他产品和服务捆绑的新模式——这是为吸引那些从未购买咨询服务的人尝试使用个性化的金融咨询服务而设计的策略。

如果政府通过既经济又切实可行地为这种实用而且公平的咨询服务提供补贴来促进这个行业的发展，那么这个行业很可能会进行一些必要的投资，以一个非常宏大的规模配置新的信息技术。以低成本提供金融咨询服务的原则可能会很自然地成为对这类技术进行选择的标准。那些金融引擎网站会被改造，使它们能以引导的方式为客户提供咨询师精心准备的个人建议，并按这个模式为大多数人提供有效的服务。这些网站可能会得到进一步的发展，以基础模式进入更广泛的领域，让人们可以方便地与其他人（包括各类专家）分享金融信息。

如果我们对现行的税收政策进行必要的改革，直接补贴这种收费模式的服务，那么那些综合性的金融咨询师和金融咨询技术将会把我们带入一个全新的天地，一个我们现在根本无法想象的民主、成熟的新金融时代。

新的金融监管

弥补现在的信息基础设施建设的不足的第二步，正如伊丽莎白·瓦伦认为的，应该是由政府设立一个被她称为"金融产品安全委员会"的机构，这个机构的模式类似消费者安全委员会。它的首要任务是保护金融消费者，起到调查员和律师的作用，为金融产品的安全提供信息来源，制定规则以确保这种安全的最终实现。让人觉得不可思议的情况是，在今天的美国，这种对金融产品安全的监管居然没有被列入任何一家金融监管机构的主要职责范围。

全美高速公路交通安全管理局管理着高速公路和汽车安全及事故统计的相关数据。同样，我们应该找到一个取得授权的政府机构，收集并管理人们与金融产品之间各种实际情况的数据，包括出现的"事故"，无论这些"事故"是罕见的还是平常的，但一定是实际发生在人们中间的。与此同时，这些政府机构的另一只眼睛应该投向更远的未来，防止同一类事故再次发生。

美国财政部在2008年3月发布的关于金融监管机构调整的"蓝图"提到一个业务管理型的监管机构,与瓦伦的金融产品安全委员会的理念有些类似。但这个议案强调,监管机构的职责范围应该按照它们具体目标设定。这样的话,消费者保护的功能在这样一个完全独立的监管机构里实际上也就被淡化了。

默认选项的金融规划

革新信息基础设施建设的第三步是建立标准化默认选项的金融规划,当人们出现疏忽,未能在出现问题时及时采取行动的时候,它也能正常运行。默认选项是当某个人没能在可选项里做出主观选择时,它会自动做出选择。人们可能会说次贷危机发生的根本原因是很多人根本没注意到那些风险的存在,因为他们不清楚或者不明白市场上正在发生什么事情,因此掉进了这样或那样的陷阱。当心不在焉的时候,消费者很容易接受金融合同中预先准备的看上去好像是标准或者惯例的任何条件。因此,设计一份包括审慎的默认选项的标准合同,应该成为政府和商界现在必须认真考虑的一个问题。大量严肃认真的研究揭示了在做投资决策的时候,人们认为的标准条款对他们的影响力多么巨大。

经济学家布瑞吉特·玛德瑞安和她的同事研究了个人在参与雇主资助退休储蓄计划时的选择情况。他们发现,在这一计划中采用雇员自动登记的方式可以极大地提高参与率,尽管雇员在任何时候都可以很自由地选择放弃这个计划,所需要做的只是简单地提出他选择退出即可。此外，加入这些计划的雇员基本上都接受了计划中默认的缴费费率和分配方案。

我在前面提到，大萧条时住房市场危机中出现的一个伟大创新就是把按揭期限从当时很常见的5年延长到15年甚至更长，使借款人能有更长的缓冲期偿还按揭。这个创新是由住房房主贷款公司于1933年推出的，在这个政府主办的企业不复存在以后，它的这份"遗产"今天依然以长期按揭的形式存在于我们的生活中。为什么在没有政府干预的情况下，私营行业自己不对此做出调整呢？答案很显然，如果得不到早先买家的首肯，在一个已经约定俗成的市场上很难推出新产品。推出一种新形式的按揭所需要的公众教育成本应该归于公益范畴，如果由一个私营企业承担，它或许永远也无法全部收回这部分成本，因为这个付出带来的收益将被所有选择提供这种新按揭的公司分享。

要改变这种状况，就需要对常见的合同（比如按揭合同）新标准提供权威的解释。如果由那些被大家公认的专家提出，大多数人都会接受这样的标准合同，而且一般情况下，就算没有这样的权威解释，他们也不会自己对这些问题做出判断。一家新的住房房主贷款公司可以（像我们在下面将要讨论的）通过接受那些具备了新特点的按揭合同作为对按揭放款人的担保，把改进后的按揭合同作为标准合同进行推广。新的住房房主贷款公司制定这类新标准的行动反过来又会推动一系列金融创新，比如针对收入风险和住房价格风险的金融衍生产品市场的开发。

在这次次贷危机发生的过程中，很多按揭借款人非常顺从地接受了别人提供给他们的那些按揭条款，在大多数情况下，他们会很自然地认为这些条款应该经过了专家的审定，尽管是在目前这种没有任何消费者保护措施的前提下。对标准按揭合同进行改进可以极大地推进信息基础设施的建设速度。通过对这个领域进行改革，会促进政府和商界专家团结协作，共同研究决定其他类别的金融咨询以及改进后的按揭产品的具体内容，这些改进的新内容最后可以变成针对大多数人的标准化合同，并推进金融民主化进程，使消费者可以更自由地获取他们需要的信息。当然也应该继续研发推出其他按揭产品，因为有的借款人肯定不会仅满足于这些默认选项。

另外一种默认选择可以是要求每一个按揭借款人必须得到一位民事公证人的帮助。这种公证在很多国家都有，但是美国没有。举个例子，在德国，民事公证人是一位训练有素的法律专业人士，他在见证双方签字之前要朗读合同并做解释，同时为双方提供法律建议。这种安排对那些在合同订立前没有能够得到经过认证的客观公正的法律建议的人来说，特别具有现实意义。有这样一位由政府指定的人士参与按揭借款的过程，肯定会给那些浑水摸鱼的放款人增加作弊的难度，这些人通常会误导他的客户去找那些与他熟悉的律师，而这些律师不会把借款人可能面临的风险原原本本地告知借款人。

改进金融信息披露方式

加强信息基础设施建设的第四步是改进那些与人们的金融及经济生活有关的信息披露方式。很显然，几乎没有人会有这种经济敏感性，对2001年最终导致安然公司倒闭的那些资产负债表中会计处理以外的信息进行研究性挖掘和交流。同样，也没有人会有这种经济敏感性，揭示始于2007年的银行对用来抹去其资产负债表上某些风险的结构性投资工具的过度依赖。所有这些公开的报告从来就没有以对广大公众有所帮助的形式出现过。

那些购买了基于次级抵押贷款的住房抵押贷款支持证券的人在这方面的遭遇特别具有代表性,他们在购买债券时所能得到的信息不会超出由评级机构提供给他们的评级报告上的内容,而评级机构发布的信息也只是评定的等级,并不包括那些让其他人可以进行审核的支持性数据,以及报告上附带的几句警示性话语。

信息披露在1934年随着美国证券交易委员会的建立取得了巨大进步。这种披露效率在2000年得到了进一步加强,这一年证券交易委员会发布了《公平披露规则》,要求相关公司的声明必须通过电子方式即时发布,因此,使这些重要信息对所有投资者——无论是大投资者还是小投资者——都同时公开。证券交易委员会还主办了一个网站,提供详细的公开发行的证券以及发行这些证券的公司的相关信息,这个网站还包括对证券交易委员会历史数据的实时访问功能。

尽管证券交易委员会在公众数据共享方面实现了一个非常重要的飞跃,但它提供的也只是关于那些公开发行的证券的一般信息,而且这些信息也仅针对特定类别的证券以及这些证券所处的特定状况。对于非公开发行的证券,比如住宅按揭支撑类债券,相关的信息就少得可怜。因此,没有人能够对次级抵押贷款的住宅按揭支撑债券的可靠性进行评估,因为置身于评级机构以外的人无法"看到它们内部的情况",也无法对这些债券基于的按揭的可靠性进行实际检验。因此,这个舞台是搭建给那些肆无忌惮的按揭贷款发起人的,让他们可以顺利地把钱借给那些可能无法履约的低收入者。这个舞台同时也是搭建给那些按揭债券商的，让他们把这些很快就会出问题的按揭出售给那些没有起半点儿疑心的投资人。

美国证券交易委员会在它的网站上提出了一些不痛不痒的关于扩大信息披露范围的建议，这些是不值一提的。现在应该是政府精心策划、强制要求提高金融活动信息透明度的时候。当然，这样的要求也不应该过分增加那些被要求提交报告的企业的披露成本。不过应该说，由于信息技术的持续发展，提供信息的成本在持续下降，因此，在成本不变甚至下降的情况下，信息公布的范围一般来说应该随着时间的推移越来越大。那些被要求披露信息的企业在一般情况下都会对这些新增加的要求产生抵触情绪，但一个设计良好的信息披露制度事实上符合它们的利益，因为它们不断披露信息，公众对整个行业的信任度也会随之提高。

另外，应该对美国证券交易委员会网站进行改造，以便它能持续不断地报道全球公开发行和非公开发行的所有证券的相关信息。

在卡斯·桑斯坦于2001年出版的《公开.com》一书中，这位法律学者提出，按照证券交易委员会模式进行信息披露的电子发布要求的范围应该进一步扩展，覆盖更多组织，因为这些组织的活动有可能对我们的信息交流产生方向性的影响。仅仅这样一个对那些可能存在问题的活动进行披露的小小的要求，有时就足以让这些活动在问题产生的过程中停止。桑斯坦在谈到民主共和的社会在广大范围内披露信息的重要意义时写道："请放心，这样的一个系统依靠的是限制官方对不同政见及意见进行审查，但它依靠的并不仅限于此。它还依靠某些公共领域，在这些领域，各种各样的发言者有机会接触不同类型的公众，也可以接触特殊的机构和活动，通过这些方式，他们能找到提出异议的更多机会。"

在这个通信手段电子化的时代，对信息披露的强制要求比以往任何时候都更加切实可行。在金融交易的背景下，要求按揭放款人及其他与大众有关的金融企业在互联网上公布可能存在问题的全部活动——如果有谁拒不公布，严格来说就是违法——通过这种方式，就可以将其置于公众的严密监视之下。

改进金融数据库

加强信息基础设施建设的第五步，是由政府补贴，建立一个大型经济数据库，囊括个人及所有公司的全部信息，该数据库的建设必须基于这样的原则——这些信息必须完全可以在开发风险管理合同的过程中使用，与此同时，又要确保个人的隐私得到完全保护。

我们今天已经看到很多正在进行开发的关于收入和经济活动信息的大型私人数据库，但这些数据库是不连贯的，而且也很少被用于对公众有益的经济目的。这些数据库中没有任何一个能反映金融系统的全貌，从里面能看到的只是一些独立的信息碎片。因此，我们需要开发一个能在这些数据库中进行信息交流的协议，以便能把这些完全孤立的信息源连起来形成一个巨大的池子。这个扩张后的数据池的后台应用应该能给所有人带来益处，比如为消费者和住房拥有者提供更多真实的财务状况信息。这个扩大的信息库应该允许金融网站为它的客户提供定制的、实时的信息——那些真实反映他们具体经济状况的信息。

建立可供公众使用而且个人隐私又能受到保护的大型个人收入数据

库是切实可行的，因为现在个人所得税大部分都通过电子网络申报。在美国，个人可以通过提交4506-T表将自己的纳税情况提供给金融交易活动的另一方。政府当然还可以更进一步，使受到身份保护的更多信息能被合理广泛地应用于公众利益方面。同时，其他的数据库应该可以与收入数据库相互连接起来。在这种情况下，举个例子，就使推出收入指数成为可能。这个收入指数应该是实时更新的，具体到个人，并且按照职业、人口统计和健康状况进行分类。这些数据可以为我们解决很多问题提供基础保障，比如用于为个人量身定做风险管理合同（像我们在下文将要提到的生计保险）。这样，风险管理引擎就有可能把我们带进一个精心设计的国民经济的美好愿景——那种我们目前还没有办法实现的高度透明的状态。这样，一个崭新的风险管理世界就会展现在我们面前。

改进后的数据库也将使开发应用于按揭设计过程中的更好的还款能力测算方法成为可能。在信息技术持续进步和金融数据库不断发展的前提下，我们应该看到在帮助实现这个目标的计量经济学方面出现的突破。事实上，在刚刚过去的20年，基于信用历史记录的还款能力测算的计量经济学方法，也就是著名的FICO评分法，已经成为借贷行业采用的主要分析方法。但FICO评分法并不针对一般的经济条件，也不用来作为还款进度调整的依据。同时，支撑FICO评分法的数据库现有的覆盖范围也对它造成了根本性的限制。崭新的适用于经过民主化改造后的金融合同体系的测算方法一定可以开发出来，我们对此充满信心。

新的经济度量单位体系

很多人发现,要完全搞清楚我们现在的经济体系,非常富有挑战性。为了能向他们提供帮助,政府有必要建立新的经济度量单位体系。次贷危机解决方案的这一部分是真正革命性的,其重要性可以与法国大革命后创立的公制体系相提并论。这样一个体系可以帮助人们在进行经济思考时不再出现人为错误,而这种人为错误往往会引发很多经济问题,它也是这次次贷危机的根源。

度量的单位可以选为很多常见的经济指标,比如收入、利润和薪资,但最为重要的部分应该是能对通货膨胀进行度量的新的度量单位。

对这个问题我已经连续讲了很多年,我认为我们可以通过采用与通货膨胀指数挂钩的账户单位,比如由智利政府在1967年建立,并且之后被其他拉丁美洲国家政府效仿的发展单位(UF),帮助避免通货膨胀造成的思维混乱。

UF其实只是货物和服务市场篮子的每日价格,用等值的智利消费者价格指数衡量。它由政府挑选出来,作为代替货币的商业账户单位公开发布。智利人已经很普遍地用UF报价,尽管他们在实际付款时还是用比索(通过比索对UF汇率换算后支付,汇率可以很容易被查到,特别是通过互联网)。通过给账户单位一个简单的命名,鼓励人们把它作为商务活动的一个标准值来使用,并且让人们养成按指数形式进行思考的习惯。智利政府已经成功地把智利变成世界上对通货膨胀最为敏感的国家。

相反,全世界的国家采用的传统货币单位是一种很粗糙的价值度量方法，因为它的购买力在某一段时间内会出现无法预测的变化。用比索和美元度量价值就像用一根某年间不断增长而某年间又不断缩短的尺子测量长度一样。工程技术人员如果使用一根总在不断变化的量杆进行设计，他们会觉得设计工作是一件不可能完成的任务，但这种情况对于那些与货币打交道的人来说，确实是一个不得不时刻面对的问题。毋庸置疑的是，他们总会面临不知所措的状况。在信息高度发达的经济体系中，我们没有任何理由再继续保持交易媒介和价值度量单位目前的这种状况。

我建议给这种通货膨胀指数型的单位一个简单的名字——篮子，表明它代表的是计算消费者价格指数的货物和服务市场篮子的价值。如果卖方以篮子报价，他们的意思就是要求按真实的货物及服务所反映的消费者价格指数的条件出售他们的产品——收到的报酬是实际的价值，而不是不稳定的货币。当我们找到一个简单的词语描述通货膨胀指数的量级的时候，甚至很小的孩子都会学着将通货膨胀指数化，其实他要做的仅仅是使用这个词语而已。

政府应该用"篮子"而不是美元编写税则，一方面是对税务系统的全面指数化，同时也是强制人们学习新的单位。信用卡销售终端和其他电子支付系统也可以重新编程，接受"篮子"进行支付。

如果人们之前能早一点儿习惯于这种指数型度量单位，最近的住房市场虚假繁荣可能也就不会发生了。最近几十年，影响住房市场的重要因素之一就是一部分民众没有搞清楚通货膨胀的情况。世界主要国家的政府差不多连续一个世纪以来都在发布消费者价格指数，而且身处某一阶层的公众普遍都会使用这些指数。但对通货膨胀的无知仍然占据了很大的市场,并且最终导致了巨大的失误。

20 世纪 80 年代早期,美国的通货膨胀非常厉害,人们基本上不可能用普通的按揭购买住房,因为扣除通货膨胀后的利率通常接近每年 20%,而且购买一套价值接近三年总收入的住房将使人们把接近 60% 的收入用来还按揭。由于通货膨胀在继续,按揭还款的真实还款额最终可能会大幅下降,但是这种情况也有可能很多年都不会出现。在那些年里,很少有人付得起前期的贷款,因此买房成为一件可望而不可即的事。住房价格最终降了下来,尽管下降的幅度受到由于高利率造成的供应偏紧所产生的限制:住房投资在美国国内生产总值中所占的份额下降到 3.2%,这是第二次世界大战以来的最低值。实际上,人们只需采用通货膨胀指数型的按揭就可以避免出现这种问题,但公众似乎并不能理解这个概念。其实,只要他们习惯于用"篮子"进行交易,就会十分自然地这样做。

20 世纪 80 年代初的股票市场市值很低,所对应的实际情况就是名义利率很高,尽管实际(经过通货膨胀修正后的)利率并不高。这个发现被称为莫迪利安尼 – 科恩效应,这个名称源于经济学家弗兰科·莫迪利安尼和理查德·科恩,他们在 20 世纪 70 年代首次在文章中描述了这种情况(已故的弗兰科·莫迪利安尼是价格水平浮动按揭的发明人,同时也是我的导师及一部分文章的合作者,也是本书灵感的源泉)。

随着 20 世纪 80 年代初通货膨胀的好转,股票市场开始牛气冲天。如果账户单位采用的是"篮子",股票市场的这次过激行动应该也可以避免,因为采用"篮子",可以使公众不被所谓的货币假象迷惑,但事实上,他们往往会趋向于用货币的名义价值而不是实际价值进行思考。

20世纪90年代发端的住房市场繁荣同样也是部分公众不能正确理解通货膨胀所导致的。我们之所以能记得很多年前的住房价格，是因为购买住房在我们所有的购买行为中占据非常重要的位置，因此，过去的住房价格与现在的住房价格之间的差异给我们留下的印象，就远远超过当时一块面包的价格与现在一块面包的价格存在的差异给我们留下的印象。我们形成了一个错误的观念，感觉住房投资对我们来说是相当了不起的一件大事，然而，它们价值的增长，事实上如果用"篮子"来衡量（尽管历经几十年），一般来说几乎是零——至少到最近的住房市场繁荣期间。

2008年，美国房地产经纪人协会开展了一次耗资4000万美元的公益宣传运动，名为"住房的价值"。该项运动计划在广播、电视，以及平面媒体、公告牌和公共汽车车体投放数以千计的宣传广告。这些广告不断重复的口号是"住房价值平均每10年翻一番"。该协会声称，这个说法来自它过去30年的数据。事实上，这样的情况根本不足为奇，因为在过去30年间，消费者价格指数几乎翻了两番，而我们目前正处于引起实际价值翻一番的住房价格泡沫的末期，这就充分说明，过去30年翻番的都是名义价值。使用这些数据说明住房投资如此赚钱是一种高度欺骗性的行为，但美国房地产经纪人协会现在还可以自圆其说，因为公众对通货膨胀的了解还很有限。

事实上，20世纪30年代的大萧条也与通货膨胀有密切关系。正如本·伯南克在他于2000年出版的《大萧条》一书中指出的，现在大家都很清楚，在20世纪30年代，当价格总体出现下降的时候，实际的薪资（扣除通货膨胀因素后的薪资）水平很高，可以说，受失业率冲击越严重的国家，实际的薪资水平越高。

一个关于大萧条的简单事例是，雇主不能通过降低工人的名义工资来保持真实的工资水平不变，因为降低名义工资可能会让雇员和工会产生误解，把这种行为当成对他们的严重侮辱，并因此引发抗争。结果是，如果让所有的劳动力就业，这些企业就不可能保持赢利：它们收入下降的速度超过成本下降的速度。假如当时人们对通货膨胀的认识能比较到位，大萧条的后果肯定就不会像当时实际产生的情况那么严重。

如果人们在大萧条前就习惯于用"篮子"报价，雇员就有可能看到自己真实的工资在上涨，就有可能不会对名义工资的下降感到恼怒，而雇主也就没有必要通过关闭工厂保持赢利。

如果从1890年起我们就一直习惯于用"篮子"对住房进行报价，那么人们会发现住房价格在过去的100年没有发生任何根本性的变化（一直到最近的泡沫产生），也就不会有那种在21世纪早期产生的认为住房价格总在不断上涨的想法。

建立一套新的经济度量单位系统还会产生其他无数有益的效果。在本书前面讨论的主题中，应该引起我们注意的是，我们放任通货膨胀（因为同时收入也增长了）侵蚀一些重要的金融保护措施，然而这些措施是我们在过去数年金融启蒙过程中得出的重要成果。

当FDIC在1934年创立的时候，规定的承保限额是5000美元——这是当时一个人12年的个人收入。针对通货膨胀和收入增加的现实，这个限制最近一次提高是在1980年，限额提高到10万美元，但10万美元还不到现在一个人三年的个人收入。

证券投资者保护公司（SIPC）是在经纪公司倒闭时为消费者提供保护的企业，它的保额限制最近一次提高也是在 1980 年。到现在为止，它的保额限制仍然是现金账户 10 万美元，证券账户 50 万美元——数字听起来很大，但实际上并不够，在大的危机出现的时候，根本不足以应付经纪公司客户数额巨大的恐慌性提款。

对这些重要保护措施的侵蚀已经对经济体系自我修复造成威胁。用名义货币价值规定 FDIC 和 SIPC 的承保限额已经被证明是一个严重的设计错误，而用"篮子"规定限额会好一些——如果能用另外一个与名义个人收入而不是通货膨胀挂钩的账户单位指数，效果会更好。

尽管美国国会时不时会表现出对经济体系进行适当修补的某些倾向，2005 年还通过了《联邦存款保险改革法》，但由于这些措施缺乏连惯性，整个体系仍然面临严重的危险。只有通过采用一套新的经济度量体系——目的是使正确地说明一个数量级变得像说一句话这样简单明了——我们才有可能在以后避免犯此类错误。

把上述 6 个步骤组合在一起，可以充分释放那些有效信息的力量，并且帮助我们从一开始就避免类似目前正在经历的这次次贷危机。一旦我们对发展更好的信息基础设施建设提供了经济及政府的激励措施，一旦这个基础设施能保持运营若干年，这个体系就会被主流社会及企业界接受，从而把我们推上探索未知信息世界的征程。我们将见证利益驱动型的全新信息提供模式的出现，包括那些以计算机为基础的，也包括那些以人工服务为基础的，而这一切将相互交融，共同促进改进后的个人和企业金融决策体系进一步发展。

第五章 金融民主的愿景

真正关注风险的新市场

回顾过去一个世纪的金融发展史，我们会发现市场范围一直在扩大。随着时间的推移，人们在交易时面对的风险也越来越多，对冲这些风险的机会也越来越多。现在，我们应该鼓励以一种真正民主化的方式进一步推动市场发展，换句话说，也就是让市场可以完全覆盖那些与个人有根本性关系的具体风险。

面向房地产行业的新市场

我们现在最迫切的需求是为房地产提供一个能让它真正流动起来的市场，特别对那些住房是最大单一资产，而且只拥有一处房产的家庭来说，显得尤为迫切。

我和我的同事已经共同奋斗20年，一起致力于为房地产市场探索创新型市场。我们取得的比较大的突破是芝加哥商品交易所采用我和卡尔·凯斯共同开发的标准普尔/凯斯－席勒住房价格指数建立单一住房家庭住房价格期货市场。这样的市场——由山姆·玛苏奇通过我们共同成立的宏观市场公司充当先锋——于2006年5月启动，为10个美国城市提供"综合美国指数"，是当今世界上仅有的真正的住房价格期货市场。遗憾的是目前这样的市场的流动性仍然很低，还处于拼命想站稳脚跟的阶段，但我对它充满信心。

这样的衍生品市场具备抑制房地产泡沫的潜力。没有这些市场的话，投资者无法对房地产做空。那些警觉的投资人在看到泡沫正在变大时没有办法在市场上表达他们的看法，除非他们退出市场，也就是将他们的住房出手，这当然是非常过激也非常艰难的一步。

如果我们在不同的城市都建立这样一个流动性很好的房地产期货市场，那么世界上所有持怀疑态度的人无论在什么地方，都可以通过其在交易市场上的行动为一个城市的泡沫减压，因为这样的泡沫对于看空的人来说意味着赢利机会。如果市场被广泛关注，那么住房建筑商就会看到市场反映的住房价格在下降，这样他们就会削减自己的投资规模，因此就会避免我们刚刚在美国见证的这种建筑泛滥的情况。如果住房建筑商能采用更明智的手段，在他们的住房还在建设期间就对这些住房进行保值，那么在他们开工建设前就能察觉到损失。

过去几年，有人表达过对这种情况的担心，他们认为衍生市场的建立或许有可能增加而不是降低价格的波动幅度。然而，金融经济学家斯图尔特·梅休在一篇学术文章中说："经验证据表明，衍生产品的引入不会导致基础市场的不稳定——要么没有什么实质性影响，要么对价格波动有抑制作用——而且衍生产品的导入提升了市场的流动性，也增加了市场信息量。"

目前，我们对为住房提供服务的市场中的这些问题之间的相关性还不完全清楚，住房类的不动产市场的流动性特别差，它的价格对于大众来说还是太显而易见。然而，我认为，这些情况让我们更有理由相信，把期货概念和专业人士引入住房市场将会改进它的功能。事实上，正如经济学家米尔顿·弗里德曼在半个世纪前指出的，贸易专业人士会帮助稳定市场，至少在某种程度上是这样，因为如果他们扰乱市场（高买低卖），就是在跟钱过不去。这样的策略不可能让他们的业务持续下去。

第五章 金融民主的愿景

芝加哥商品交易所住房期货市场的价格从 2006 年 5 月开市伊始就预示美国住房价格已经处于跌势。如果这些市场能出现得更早一点儿、成熟得更早一点儿，至少不晚于 2006 年，而且如果它们能被广泛地认识并被深刻了解，那么建筑市场的泡沫——这些泡沫产生的后果今天仍然历历在目——可能根本就不会出现，因为建筑商们可能早就看到由这些市场产生的以权威形式发布的各种价格预告。

芝加哥商品交易所住房期货市场需要那些全身心投入而且实力雄厚的市场参与者进入市场，并能充满自信地对那些大型机构的订单进行报价交易。但遗憾的是，很多潜在的投资人在看到市场缺乏流动性，并因此导致在这些市场里的交易成本偏高的现实后，都很无奈地退出了。

这些衣着考究的资本家虽然愿意一掷千金地进入抵押债券市场，支持那些破产的按揭发起人，但一直到现在，他们似乎也没有表现出任何意愿帮助如此重要的一个新的衍生资产市场的开发。其实，这个市场所需的资金投入相对不大，而且它极有可能把现有的金融体制转变成更完善的方式。

其他宏观房地产风险市场种类还包括期权、掉期、远期合约以及相关的衍生工具。芝加哥商品交易所在 2006 年基于标准普尔/凯斯-席勒住房价格指数启动了单一住房家庭住房价格期权市场，同时还启动了单一住房家庭住房价格期货交易。

一旦将这些潜在的机会变成现实，这些房地产市场的总体规模会比现在全世界所有的股票市场的总和还要大。事实上，根据美国联邦储备局的估计，美国家庭在美国拥有的不动产的市场价值超出美国国内公司全部市值的 30%（2007 年第四季度的统计数据）。因此，如果有人说住房类地产价格的衍生产品市场的成长将使整个股票市场的重要性降低，我们相信这样的说法绝非危言耸听。

商业地产业也开始看到类似的市场发展趋势。美国商业地产国内生产总值平减指数（IPD指数）已经让我们看到接近150亿英镑的名义市值的源头。这个金额与美国商业地产的总市值相比仍然非常小，但这确实是一个非常令人振奋的开始。

其他的新市场

我在这本书里之所以如此强调地产市场，是因为地产市场对经济波动的影响非常大，特别在当前这场危机中更是如此。但在我们迈向一个更完善、更成熟的金融环境的时候，我们也需要而且也能够建立很多类型的新市场。

这些市场中，最优先考虑的应该是对收入——个人收入、职业收入、地区收入和国民收入——的长期债权。这些市场之所以重要，是因为它们所代表的是生计风险，这是每个人必须面对的最重要的风险。针对职业收入市场——期货、远期合约、掉期和交易所交易票据——最终将使人们对他们一生中的收入风险进行对冲成为可能，而且这些市场对联动型按揭的发行人具有根本性的重要意义，这一点我们将在下文进行深入讨论。

国民收入，有时候用GDP衡量，也应该拥有自己的市场。这样的市场可能事实上已经存在，因为GDP的统计已经相当成熟，而且世界上每个国家的数据都早已经是现成的了。

主权政府应该将国债的发行与本国的 GDP 数字挂钩。最简单的方式是发行永续债券，按 GDP 的比例派发红利。我在约克大学的同事马克·康姆斯特拉一直与我共同致力于在加拿大推广这种类型的政府债券，他建议将这种债券称作"兆券"（trills），因为基本上是每份债券派发一年 GDP 值的一兆分之一。这就意味着每一份加拿大兆券按现值派发的年红利大约是 1.5 加元，一份美国兆券按现值派发的年红利大约是 15 美元。

在不同的时期，这些红利有可能多一些，也有可能少一些，主要是参照该国的经济水平。目前一份加拿大兆券的市场价格为 30 加元左右，一份美国兆券的市场价格为 300 美元左右。兆券的价格会随着对该国经济未来展望的各种信息出现波动，就像公司的股票价格会随着对该公司未来展望的各种信息出现波动一样。这样看来，应该会有对这些兆券有兴趣的、活跃而且很有意思的市场存在。

尤为重要的是，兆券市场的存在使得各个国家对冲该国国民经济的风险成为可能。如果美国政府在过去这些年发行了兆券，而且国债的组成主要是兆券，那么美国政府现在就会发现它释放了充足的资源，让政府快速应对那些紧急状况，比如次贷危机。当经济减速的时候，政府会发现国债的利息压力非常有效地降低到远低于它们预期的水平。这样的话，它们就会有更多的资源应对危机。这是一个应用于全国范围的根本性的危机管理方式。

当然，现在还没有任何政府发行兆券，但是已经有一些与 GDP 挂钩的债券，比较有名的是阿根廷在 2005 年发行的 GDP 权证。同时也开始出现一些利息与 GDP 挂钩的债券，例如联合国开发计划署、国际货币基金组织以及世界银行发行的一些债券。

新的零售型风险管理机构

上面提到的新市场的主要目的是给风险管理建立一个总体基础架构，但普通群众不大可能有能力使用这些复杂的风险管理技术。比如大多数人可能从来都不会去期货市场交易，他们不习惯这样的交易方式，而且这种交易方式对那些没有专业知识的人来说也是一个巨大的挑战。因此，我们需要为他们设计一些简单的零售产品，以便让他们参与这些新的市场活动，我们也能通过这种方式达到金融民主化的目的。

这种情况从风险管理的角度来说与向单独的农场主提供粮食自动仓库的情况类似。农场主一般不会在期货市场上对冲他们的风险，通常情况下，这种方式对于单个农场主来说太难了。但是农场主可以签一份合同，把他的粮食交到当地的粮食仓库，这份合同将农场主的市场风险部分地转到了仓库的所有人头上——他可以在期货市场上对冲这些风险。

这个简单的概念为个人应对大大增加的风险管理难度树立了一个典范。零售组织可以把上面讲到的风险市场带来的好处输送给每一个人。

联动型住房抵押贷款

一种被我称为联动型住房抵押贷款的新型住房按揭应该设定这样的条款，规定住房抵押贷款的条件将按照借款人支付能力的变化和住房市场环境的变化持续（实际操作中可以是按每个月）进行调整。住房抵押贷款合同应该规定有一个每月自动进行检测调整的条款——方式跟我们现在在住房抵押贷款出清期间一次性提供给产生拖欠的住房所有人的一样。联动型住房抵押贷款可以由私营部门推出，政府所起的作用只是制定适当的规则并提供必要的基础设施。

早前出现过的一种持续调整型住房抵押贷款可以追溯到20世纪70年代晚期至80年代早期的高通胀、高利率时期。这种价格水平调整住房抵押贷款允许按月份变动还款额，它所参照的只是一个简单的经济指标：按消费者价格指数计算的通货膨胀率的变化。今天，我们可以做得比它更好，因为消费者价格指数只是在住房抵押贷款出清过程中纳入考虑的众多因素之一。

这种联动型住房抵押贷款代表着金融民主化的方向，因为这类住房抵押贷款带来的好处会很自然地惠及每一个人。这种调整将会是系统性的，而且是自动的，以便它们能够涵盖整个可以合理地从中受益的范围——而不只是那些头脑灵光，找一个好律师，能主动伸张自己的权利或者由于极度贫困而引起人们同情的那些人。

我在第四章提出，救市措施是次贷危机解决方案中必要的组成部分，它可以避免那种可能摧毁公众信心、导致系统失灵的经济危机。遗憾的是，这种类型的救市有副作用——鼓励道德冒险。人们会开始不考虑自己行为的后果，因为他们相信无论如何他们都能得到救市措施的帮助。但这种副作用只会在救市措施不是预先安排，也并非由所有参与方自由做出选择的前提下才会发生。如果人们是在事前通过一个自由的市场为救市所做出的这些安排支付费用，那么这就不再是救市了，而变成一份由保险单提供的保障。如果它也鼓励了不受欢迎的行为，那么不受欢迎的行为至少已经支付成本。

联动型按揭是提供"负责任"的救市的一种方式。这些预先建立的金融规划可以在紧急状态下根据实际情况发挥破产法院所应该发挥的功能——它将贷款的条件调整到借款人有能力赔付的水平。与破产程序不同的是，联动型按揭的运作基础针对的是一种实时情况，当收入出现波动的时候采取相应的措施，不让问题的严重性上升到危机的程度。我们应该把它采取的这些措施看作常规的审查和预防性的关注，以避免突然跌入紧急状态。另外，借款人也不用承受破产带来的尴尬和名誉损失。事实上，联动型按揭在可能触发破产申请的情况下仍然能继续运行，债权人也能继续收到还款，收到的还款金额虽然可能减少，但至少能保证不会中断。

当然，联动型按揭存在一种潜在的道德风险：借款人可能有意丢掉工作，以便能启动降低还款额的程序，更坏的情况是他有可能在灰色经济领域工作，根本不申报任何收入。其实，道德风险是所有风险管理都无法回避的问题，包括保险、破产等情况，而风险管理机构可以通过充分的实际调查，把这种风险降至可以控制的范围。对于收入丧失情况可能存在的道德风险，如果能由风险管理机构有意识地提前对这种可能出现的情况做好预案，而不是让它变成实施特别救市措施的一个组成部分，我们相信对这种道德风险的处置应该可以变得非常有效。

在联动型按揭中，对于减少道德风险设计的一种方式是在贷款合同中规定一个还款公式。这个公式不仅会考虑借款人的实际收入情况，也会考虑处于同一地区、同一职业类别的其他人的赚钱能力。在这个计划下，借款人有可能有意减少自己的收入，但这不会对还款计划产生太大影响，因为这不可能影响其他指标。如果这种所谓的职业收入指数设计合理，完全可以达到这样一种理想状态：在使借款条款的规定真正基于还款能力的前提下，道德风险又可以被控制在最小的范围内。

毋庸置疑，联动型按揭应该成为处理次贷危机的所有计划的中流砥柱。按揭调整现在正被如此热闹地倡导着，而且被这么多具有很强政治影响力的人同时提倡，这样一个事实，意味着这种调整将极有可能被制度化、规范化，而且还将会是永久性的。联动型按揭想要做到的就是这一点。

住房产权保险

住房价值的下降会使住房所有人的财产贬值，使住房所有人很难甚至不可能通过新的抵押按揭再融资。住房所有人会悲哀地认为，他不可能再有机会搬到另外的住所，就算这样一次搬迁能让他享受一份更好的工作带来的好处。按揭也由于断供最终无奈地走到尽头，特别是当住房所有人可以简单地从这样一种漫无头绪的糟糕境遇中一走了之时，他很可能就会因为仅仅是觉得不值得而决定不再努力对一项按揭继续还款。

住房产权保险合同可以按都市区的住房市场价值进行投保，帮助住房所有人防范他们的住房在当地市场贬值。住房产权保险可以消除目前绝大多数住房所有人面临的高度杠杆化的风险。这样的合同可以在帮助很多住房所有人避免陷入负资产窘境，从而保住他们的住房方面做很多事情。通过这样的安排，还可以催生各种各样有利于住房所有人的社会方面和心理方面的好处，鼓励他们维护好邻里关系，促进民众对社会事务的参与热情。

在火灾保险的实践中，总是存在这样的道德风险问题——住房所有人可能会故意烧毁住房以便得到保险公司的赔付。如果我们在住房产权保险中直接按照住房的销售价格投保，那么我们也将面临同样的道德风险：住房所有人对住房进行恰当的维护以及在出售时尽量要求高价的动机将不复存在，这会导致可能出现的所有损失都将由保险公司承担。但是如果我们设计的保单是按住房所处城市的住房平均值投保，而不是按每幢住房的价值投保，那么道德风险就失去了存在的意义。

住房产权保险还可以避免恐慌性抛售情况的出现。当住房所有人看到价格开始下跌，并决定"逃生"时，这种恐慌性抛售情况有时候会有损住房本身的价值。如果过去有这种类型的保险合同存在，我们就有可能见不到那些大城市在出现种族更替期间发生住房价值崩溃的情形，而且这种更替也应该会来得比较平稳和温和，而不会像在现实中确实发生过的"白人逃离"。在这种情况下，由于到处都在谈论有关种族的事，市场产生了恐慌。如果有这种类型的保险合同，那么在底特律、费城和华盛顿等大城市出现的经济崩溃应该可以被降到最低，甚至有可能完全避免。因为如果城市中心能保持活力，相关的产业就会倾向于继续营业，这又进一步保持了城市的活力。

住房产权保险以前曾经做过尝试。首次尝试于 1977 年出现在伊利诺伊州的奥克帕克。最近的一次重要尝试，由我的耶鲁大学同事在邻里再投资公司（Neighborhood Reinvestment Corporation）的帮助下，在纽约州的锡拉丘兹市进行。这个示范性项目的创新性表现在项目基于锡拉丘兹市的城市住房价格指数，而不是基于具体住房的销售价格，并因而控制了道德风险。

从本质上看，住房产权保险的概念还可以通过期权的方式实现。现在在芝加哥商品交易所交易的单一住房家庭住房价格期权提供了一个很清楚的交易渠道，住房所有人可以利用它保护自己免受未来住房价格下跌带来的困扰。任何人都可以在芝加哥商品交易所买入一份住房价格的看跌期权，如果住房价格下跌到低于期权的行权价，这份期权合约所起的作用就如同用来赔付的保险单一样。

今天，所有的普通民众都可以利用这些看跌期权，但实际的情况是很少有人使用这些期权，更不用说深刻理解隐藏在它们背后的风险分担的经济学原理。期权被大多数公众看作那些莽撞的投资人提供的金融骗局，然而，事实上它们是用来分散或消除风险的有效工具。充满探索精神的人总是对零售市场上出现的新投资工具持欢迎态度，而合理实施的教育项目会让普通民众最终理解房地产期权的概念，并从中受益。

生计保险

今天，当一个中年人失去一份稳定的工作时（原因可能是行业不景气，或者是对他所能提供的服务的需求出现了下降），这样产生的直接后果就是失去收入，而失去收入可能会演变成他一生中一个毁灭性的大灾难。路易斯·乌奇特勒在 2007 年出版的《没有保障的美国人：失业及其后果》一书中披露，遭受这个不幸打击的人真的很悲惨，但他们大多都由于感觉到羞愧和不知所措，而选择默默忍受。

生计保险可能是解决失业导致的这些问题所迈出的重要一步。它可以建立在另一个已经存在的风险管理机制——伤残保险的基础上，但它应该将覆盖范围扩展到医疗风险以外，同时也把生计方面可能面临的经济风险纳入保险范围。当伤残保险被开发出来的时候，我们当时的信息技术所处的水平可以保证我们能够完整地测算医疗风险对一个人赚取一份收入能力的影响程度，并进行相应的验证，使保险条款可以很好地覆盖这些风险。但当时的伤残保险提供人没有可靠地测算经济影响力对个人生计的影响程度。今天，我们拥有了基于大型数据库的完善的各类经济指数，而且毫无疑问，这些指数能够在以后得到进一步完善。

为了避免道德风险，生计保险当然不会简单地保证被保险人的生活能维持在一个具体的收入水平上，避免出现这个人辞掉工作完全靠保险赔付款生活的情况。但是，与联动型按揭和住房产权保险平行，生计保险应该可以按"赔付只是部分地与被保险人自己的收入有关"的原则进行设计。当然，对于那些影响收入的具体风险，应该可以得到切实的保障。与某个人所从事的行业相适应的职业收入指数可以用来规定纳入保险范围的损失额度，这样的方式不会引发道德风险。如果存在针对职业收入风险的市场，那么私营的保险公司就可以通过开发这样的险种对冲风险。

已有的伤残保险行业为建立生计保险提供了现成的基础架构。

生计保险可以被看作失业保险这个20世纪提出的概念具体化的现代版本。当失业保险于1911年在英国被提出，并由戴维·洛伊德·乔治领导实施的时候，伦敦的《泰晤士报》这样写道："对于失业问题的解决方法还没有先例可循。这真是'在黑暗里的奋勇一跳'，确实是一项不同寻常的大胆计划。"这次失业保险的赌博的结果是我们赚大了。随着时间的推移，失业保险已经被复制到全世界，那些提供这种保险的机构已经非常有把握把道德风险置于自己的控制之下。然而，以失业保险目前的形式看，它还从来没有认真考虑过为长期的生计问题提供有效的保障。

考虑到现在如此发达的信息技术和更加完善的金融理论体系，我们应该有能力推进这项由失业保险的制定者首先开创的工作。由于实施起来情况如此复杂，因此，生计保险可能应该由私营保险公司提供，政府通过法规、基础设施建设以及相关的公共产品（比如教育）的提供给予协助。

次贷危机在时间上正好与很多人生活中出现的转折契合，他们面临的这个转折就算不是永久性的失业，也永久性地失去了在余生中赚取大钱的能力。生计保险可以针对减轻这种影响的后果做很多事。这次危机——当千万人在他们的生活中经受收入显著减少、境遇突然转换的折磨时——是让我们认真考虑生计保险的最理想的时机。

风险管理与风险规避

采用类似上面讨论过的这些风险管理的策略会产生根本性影响。当我们还没有这些策略的时候，我们趋向于以显然并非最优化的方法规避风险。风险规避行为会产生令人意想不到的后果，比如会影响我们对工作和生活地点的选择。由于没有能力对选择地理位置所带来的风险进行保险，我们可能会趋向于选择那些我们认为安全、一定不会失去的工作。我们会选择到大都市工作，因为那里有海量的工作机会供我们选择，而不像远离城市中心的小乡村或者小镇，那里的职场提供的工作机会一般都很少。因此，我们在选择职业的时候都会更趋向于传统，而且对大城市及其郊区的依赖远远超出我们自己所能想象的程度。

风险规避行为同时也影响着城市、地区甚至国家政府的行为。出于对新的经济开发活动不确定性的担心，政府一般都会很典型地选择一种安全的、循规蹈矩的方式。当它们应该把自己的城市培育成某种具体的新兴技术或者产业的充满活力的中心时，却总是选择模仿别人现成的成功模式。

所有这些规避风险的行为产生的结果就是，在我们的社会里滋生了一种压抑的单调，以及冒险精神的缺失。人们当然应该避免那些根本性的风险——那些无法控制的社会风险，但不应该规避那些可以进行保险的风险。这些风险可以被分散到大规模的人群头上，并因此而被稀释。然而人们更多地倾向于两种风险都规避，这就大大浪费了我们社会的创造力和活力。

长期解决方案的组合效果

请设想一下这样的社会是什么景象：装备有高度完善的信息基础设施，各种信息可以无障碍地到达每一位成员那里；为住房所有人和商业地产商提供的衍生产品市场；精心开发的零售产品，比如联动型按揭、住房产权保险和生计保险，这些产品有力地支持了个人对风险的管理能力；默认选择条款很自然地引导人们精明地使用风险管理工具。

房主自住房市场那种令人难以置信的定价情况将会寿终正寝，那种反映投机思维的住房价格的过度震荡将会由于国际投资者的市场行为得到调整，因此，基本上可以避免出现此次次贷危机中出现的崩溃现象。

导致房地产投资业务中出现震荡起伏的一个主要问题源将会被合理地理性化。

我们的社会有理由期待一个更稳定的市场环境,而且我们也应该拥有一个更理性的经济体系。

结语

要想取得长期经济的成功,关键是对市场信心的正确把握,而泡沫的出现则是由于把市场信心放错了地方。

本书提出的次贷危机解决方案中长期和短期的各种不同方式,都是设计出来帮助我们把市场信心放到正确位置上的,使这些市场及其相关的风险管理机制能按照最理想的状态运行,并让所有人都能从中受益。

在这里提出来的这些次贷危机解决方案中的短期部分是最急迫的。对这些创伤的痛苦记忆将会严重损害我们过去多年来形成的对这些已经建立的市场的信心和信任,这种情形与大萧条时期如出一辙。时间在一天天过去,美国社会组织遭受的破坏也越来越严重。

次贷危机解决方案中的长期部分对增强社会的稳定性也起着根本性的作用。我们必须抓住现在面临的难得的机遇进行必要的改革,让每一个人都可以参与对美好未来的共同建设。经济进步的过程远远没有结束——我们正在从目前的这场危机中学习,我们现在将要做出的这些改革会把我们带入一个永远追求进步的美好世界。

　　我在这里提出的长期解决方案可能会由于大大出乎一些人的意料而让他们觉得难以接受。审视这里提出的进一步发展金融市场和金融体制，并把它们彻底解放出来，以便更好地放手工作的建议，会让有些人觉得提出这样的解决方案似乎是在引导我们走向一个完全错误的方向。有这么一些人总是觉得对次贷危机的解决应该在更多的救市行动、更多的监管、更多的规则、更多的惩罚和监禁判决中找到答案。

　　我一直认为，从短期来看，救市行动确实在我们对危机所采取的应对行动中起到了一定的作用。在任何时候，当人们发现经济体系没能为公众提供合理保障的时候，救市行动都是我们相互间人文关怀的一种体现。

　　我们相互间的这种信任感本身就是人类以前在采取相互救助行动的过程中形成的。想想马歇尔计划，感觉上就是美国送给第二次世界大战后欧洲那些饱受战火蹂躏的国家的一份大礼，完全是凯恩斯一个世纪前在他的《和平的经济后果》一书中所提出的原则的具体体现。这是人类对欧洲在战后身处极度糟糕的险境所做出的一个自然反应。在阿莫斯·欧兹于2005年出版的《怎样治疗极端狂热症》一书中，这位小说家和社会批评家声称："是马歇尔计划赢得了冷战的胜利，而不是激光武器和星球大战计划，尽管这个胜利的取得花费了我们30年或者是40年的时间才得以实现。不是罗纳德·里根，而是哈里·杜鲁门采用马歇尔计划最终赢得了冷战的胜利。"

　　我们现在所期待的，只是在目前这场危机中能再次看到那些正在遭受不公正对待的人能够被同样慷慨对待。

但这种把特别救市行为作为我们保护人类未来经济及社会福利的机制不可能走得太远。作为今天救市基础的同样的道德假设，要求我们立即着手建立系统的程序，对未来类似的危机提前做出反应。

我们对这些遭遇不幸的人的大度必须制度化，这样做从根本上说意味着我们必须建立风险管理的合同机制。这种做法是我们这个社会200多年来形成的一种趋势的自然延伸，这种趋势就是用以保险为基础的机制代替现有的大部分慈善机制。

当人们收到的钱从一种慈善救助变成一份保险单的赔付款时，人们的感激之情是不是会减少？也许是的，但感恩不是我们在这里追求的目标。越接近感恩的本源，人们就越能感觉到一种羞愧和个人的失败。如果我们拥有这样的机制，在这种机制下，所有人都能得到公平和富有同情心的对待，那么这样的氛围将极大地增强我们社会的稳定，并让我们万众一心，尽管这种机制在发挥这样的作用时，并不需要任何人产生自发的冲动慷慨解囊。

现在人们对怎样处理次贷危机的后果依然存在很大的争议。对那些作恶者联手所做的坏事进行一番指责是一件再自然不过的事情，但这种做法可能存在的风险是，对指责的过分热衷可能会使我们无法找到真正的解决方案。

当然，社会上确实一直存在作恶者。每一次金融泡沫都会为我们中间的那些亡命之徒创造机会，这些机会让他们将自己的不道德行为隐身在集体的纱幔后面，这使得他们在真相曝光之后更加令人不齿。在次贷危机期间，他们中的一些人特别让人难以接受，因为他们出于自身利益的考虑，总是鼓吹住房市场不存在任何问题的论调，每个月都在不断重复地说下个月就将见底之类的话。因此,当事件终于有了结果之后,大家不会对这类人产生任何怜悯之心。

看到那些像庞然大物一样的投资银行和经纪交易商的主要领导者一个接一个地被炒掉,一点儿也不会让人觉得惊奇。仅仅为了让人们有希望看到一个新的开始,作为一种表态,请以前的掌舵人离开是一种通常的做法。但我们不应该让我们对惩罚的要求超出这个限度,使制度本身以及相关的原则都一并受到惩罚。

1929年股票市场崩溃的影响以及因此引发的萧条在欧洲引起了强烈的愤怒情绪,产生了惩罚金融市场的强烈要求。这是欧洲历史上一个重大的转折点,因为它使欧洲大陆金融体系进一步萧条。相反,在20世纪30年代的美国,对1929年金融危机做出的反应是尽力巩固已有的金融体系,而不是惩罚它。欧洲对发挥稳定机制的金融市场充满敌意的错误一直到半个世纪之后才得到排解和完全清醒的认识,我们不希望今天再重复那样的错误。

另外一个与此相关并且平行发展的情况使得这个局面变得更为复杂:数十年来,美国一直存在不断加剧的经济不平等情况,这种情况在世界上大多数发达国家也都存在。在过去的每一年中,持续恶化的不平等进一步降低了大多数公众对那些在金融市场上赚取巨额财富的人的接受程度。

这不应该成为我们对创造出这些财富的技术进行惩罚的理由,因为金融确实是一种非常惊人的技术,而且它可以使我们每个人变得更富有,甚至还可以利用它减少经济的不平等状况。在当今世界上,大量的经济不平等的产生是由于一直未能对风险进行更好的管理,而金融技术是非常适合用来处理这些风险的手段。

不平等情况越来越严重的部分原因是公司董事会要留住高级经理，但是我们无法把这种情况当成导致经济不平等上升的主要原因，而且我们当然也不认为对金融界的精英发动薪资战争是解决这个问题最好的方式。

有人说在金融帝国里的高级管理人员并不是富有同情心的人，至少他们正处于自己人生中比较缺乏同情心的阶段。我认为这种说法从很多方面来看都是正确的。由于身处残酷的金融游戏，他们不得不拼命追赶，因而过于具有竞争精神，而且由于过于忙碌，他们无暇更多地考虑别人的需求。很显然，他们不是护士，也不是幼儿园的老师。但就算是用公共政策让他们变得更有同情心，对解决我们现在面临的问题也无济于事。

在目前公众对金融市场存在强烈不满的氛围下，如果政治人物承诺扩大和发展金融市场，会使得他们在选战中处于不利位置。但是，这确实是我们现在应对次贷危机，并且防止未来出现类似的危机所必需的。

致谢

我对普林斯顿大学出版社社长彼得·多格蒂的感激之情难以言表,在他的引导下,我的脑海里一些关于当前金融危机的思考得到了进一步的演进,并且汇集成一本短篇专著。

在撰写这本书的过程中,我不时回想起第一位导师弗兰科·莫迪利安尼教授的知识,正是在他的指导下我懂得了经济学的社会目的。

乔治·阿克尔洛夫也激发了我的思维,我和他合著过一本关于动物精神和经济的书,这本书已经于2009年问世[①]。

其他在撰写本书过程中给予过帮助的人,我在此一并感谢,他们是莎拉·格林伯格、杰西卡·杰弗斯、比约恩·约翰逊、特里·勒布斯、理查德·卡德里克、丹尼尔·鲁斯金、阿瑟·纳什、乔纳森·瑞斯、约翰·席勒、T. N. 斯瑞尼瓦森、罗尼·沃尔尼和詹姆斯·沃里克-亚历山大。

[①] 《动物精神》一书简体中文版已由中信出版社出版。——编者注

我的助手卡萝·科普兰给予了全身心的支持，没有她的帮助，本书不可能及时出版。

最后，我欠妻子弗吉尼亚·席勒的最多，结婚 30 多年来，她对我给予了极大的耐心和爱心，也对我的科研工作给予了许多专业支持。